系統神學叢書

基督教教義淺析

約拿單·威爾遜

李金好 譯

基道出版社

▼

系統神學叢書

基督教教義淺析

A Primer for Christian Doctrine

作者
約拿單．威爾遜 Jonathan R. Wilson

譯者
李金好

責任編輯
林諾欣

裝幀設計
奇文雲海．設計顧問

■

出版／發行
基道出版社
香港沙田火炭坳背灣街26號富騰工業中心1011室
LOGOS PUBLISHERS
Unit 1011, Fo Tan Ind. Centre, 26 Au Pui Wan St., Shatin, Hong Kong
電話：(852) 2687-0331 傳真：(852) 2687-0281
網址：http://www.logos.com.hk

承印
陽光印刷製本廠

●

3/2011 初版
Cat. No. LP250
ISBN: 978-962-457-416-6

刷次	10	9	8	7	6	5	4	3	2	1
年份	2020	2019	2018	2017	2016	2015	2014	2013	2012	2011

感謝的話

我欠我的學生一份最大的恩情。我在韋斯特蒙特學院（Westmont College）當教員的許多年間（1989～2003 年），在一個關於基督教教義的必修科中，教過超過二千名的一年級學生。這些充滿朝氣和好學問難的學生，迫使我在教學上要清晰謹慎。本書所達到的清晰和謹慎的程度，是我在那些年間鍛煉得來的。我為韋斯特蒙特學院的各位學生、教職員和行政人員所給我生命的塑造，感謝他們。

自我在二○○三年七月加入阿基狄亞神學院（Acadia Divinity College）的教職員團隊以後，我得到多位教學助理和學生的幫助，他們看過了我的稿子，並給予意見。庫來爾（Scott Kohler）和麥理德（Thelma McLeod）讀得尤其細心，我特別感謝他們。史溫（Michael Swalm）幫忙編寫索引。

內子瑪蒂（Marti）今年已上過我的神學課，也看過本書的手稿。能夠作她的伙伴，教導她和接受她的教導，履行我們共同的呼召，一起以上帝為樂並跟隨耶穌基督，這是一件樂事。

謹以本書獻給蘭福德（Tom Langford）——我最後一位正式的神學老師。他的學術造詣、屬靈的熱誠，和他所深深相信的「神學是為生命」，都影響了我，啟發了我。我感謝他。

序言

本書並非一本高度濃縮的系統神學書，也不是很精簡的基督教教義摘要。它是一本初階讀本——是你學習基督教教義的第一本書，它為要幫助你明白，當基督徒談到「教義」(doctrine)和「神學」(theology)的時候，他們所指的是甚麼。

這本書是為初讀神學和教義的學生寫的。我的目的是讓你知道，在你開始正式學習教義的時候，你的老師所期望你已經懂得的是甚麼事情。多年前，你不會需要像這樣的一本書。那年代(那「令人懷念的日子」?)，我在本書中要告訴你的東西，曾經是餐桌上、教會的泊車區內、廚房裏和垂釣的小船上的話題。今天，教會似乎普遍對「教義」的興趣大減。

也許這也有好的一面。我們不再像從前那樣彼此分化或互相定罪。今天，那些一度使基督徒分化的若干議題，似乎已不再重要。然而，與此同時，我們所持守的信念卻是我們基督徒身分的一個重要部分。因此訣竅在於把無關重要的差異擱置一旁，而仍然堅守那用以識別我們身分的信念。當我們這樣做的時候，我們可以欣賞並了解基督徒之間的差異，但也同時避開了「人所信的並不重要」這個結論。說「我們無法知道一些事情」跟說「我們無法知道任何事情」，是有很大分別的。說「我們無法肯定每一件事」跟說「我們無法肯定任何事」，也有很大的分別。本書是一本簡介，指出我們作為基督徒，對上帝和上帝的創造和救贖之工所確知的事情。

在這本書裏，我會在你初步學習教義的過程中，為你提供指導。如果你計劃要到某個不熟悉的城市遊覽，你或許會買一本 有關該城的旅遊指南。當然，你可以沒帶備旅遊指南就直接遊覽該城，而你也可以無須親身探訪某城，就能從閱讀旅遊指南懂得許多有關該城的資料。但最好的做法是，找一本最好的旅遊指南，陪伴你遊覽該城。

這本基督教教義「指南」也是一樣。你可以不用這本指南，直接學習系統神學或基督教教義。你也可以單單閱讀本書，而不去研究基督教教義。但最好的做法是，以本書作為你閱讀一本有關教義或神學的「大書」的伴讀材料。

本書在兩大點上與旅遊指南有所不同。首先，本書不像旅遊指南那樣，可能只介紹一個城市，本書不是只介紹一種神學——某位神學家的神學或某一特定的教會傳統如浸信宗（Baptist）、循道宗（Methodist）、五旬宗（Pentecostal）或羅馬天主教（Roman Catholic）的傳統。相反，我寫本書時嘗試使它能引導你學習任何一套的基督教教義。第二，本書與旅遊指南不同的地方在於，經過旅遊指南的引導以後，旅客最後會回到自己的家鄉去；而本書則引導耶穌的門徒，使他們學習神學以後，會以之作為終生學習跟隨耶穌基督的基礎。

對神學和教義的定義

在前段，我以「神學」和「基督教教義」等詞彙來説明我將要帶領你遊歷的範圍。這些詞彙是指出一種研究和解釋基督教的方法。我在本書中所介紹給你的這種認識基督教的進路，是要識別、描述和推崇基督徒對上帝、對世界（包括人類），以及對二者之間的關係的信念。既然本書是一本**基督**教教義的指南，那麼基督徒對耶穌基督的信念就會是首要的。而基督徒對上帝和世界的信念，跟他們對耶穌基督所持的信念也有很大的關連。

基督教教義並非研究、解釋和推崇基督教的惟一方法，我們也可以研究聖經和教會歷史。要知道這些進路之間的分別，最好的方法就是去研究它們，但我會嘗試在這裏稍稍解釋它們的分別。基督教的聖經（舊約和新約聖經）告訴我們有關耶穌基督的事，因此基督徒很強調研讀聖經。這種研究包括研究聖經的歷史、聖經的文化、聖經的語言，以及其中有關上帝、耶穌和世界的教訓。由於「神學」是與那清單上的最後幾項有關的，因此研究基督教教義就和研究聖經有不少的重疊。兩者的分別在於，我在這裏所説的「神學」，是務求概括聖經的教訓，透過歷史學習前人理解聖經的方式，並就我們目前的基督徒生活作出思考。所以，比方説，聖經研究或會集中研究保羅（新約聖經的其中一位作者）對基督的死的教導，而神學就會嘗試概括整本聖經所説的有關基督的死的事情，並將之系統化。於是，基督教教義會嘗試考慮到新舊約聖經所有關於基督的教訓，而給予我們一個關於基督之死的意義的說明。但神學所做的不止於此。

基督教教義的研究也會從教會歷史汲取教訓。歷世歷代以來，忠心的基督徒已寫下一些有關基督教教義的著作，並從事基督教教義的研究。他們試圖解釋並推崇基督徒的信仰，這正是如何思考上帝和世界，以及思考兩者之間的關係的例子。故此，在學習基督教教義的時候，我們經常會問：「在過去的多個世紀中，教會教導了甚麼有關基督教教義的事情？」我們設法回答這個問題，因為這樣做可以幫助我們從歷史上那些忠心追隨耶穌基督的人身上汲取教訓，而使我們能以在今天忠於祂。

最後，基督教教義力求幫助我們，使我們今天忠於耶穌基督。當新的一代不斷出現，我們必須持續地表達基督教的宣稱，好讓其他人也成為耶穌基督的追隨者。再者，我們不斷遇上對基督信仰的新挑戰，其中有若干是來自教會內部的。我們必須常加防範，以免偏離基督教教義，因此我們必須奉行一種「批判的」（critical）神學，它務求矯正我們要偏離正路的傾向。有的挑戰是來自教會以外的、社會及文化的不斷改變，因此，我們必須不斷努力地描述：今天，要作一個忠心的基督徒，是甚麼意思。

本書的設計

在本書裏，我會向你說明為甚麼基督教神學會涵蓋某些課題，以幫助你理解基督教教義。我也會向你說明，在不同的課題下會處理甚麼主題，以及為何有些神學家會以不同的地方作為起點，又或，為何他們會略過某些課題，或按一個不同的次序來處理它們。這意味著，要使本書完全發揮其效用，很大程度在乎你自己在神學上的研習，無論是在課堂上正式地學習，還是靠自己閱讀而非正式地學習。

本書的設計讓你能夠按任何次序來閱讀這些篇章。要是你所正在學習的神學，以一個有別於本書的次序來處理基督教教義，那也沒問題；就按著你在學習的那套神學所用的次序來閱讀本書各章吧。要是你所看的另一本書，其章題或課題與本書的章題不合，請你在本書的目錄各章之下的分題中，看看有沒有你要找的課題。如果還是找不著，就翻看書末的索引。如果完全找不到你所要的課題，你還是有可能在本書其中一章內發現它，又或，你會發現，你在學習的那套神學，在處理該課題上的手法並不尋常。

本書的第一章討論一些大多數神學家在組織整理他們的神學之前都會考慮的議題：我們的起點在哪裏？為甚麼以那裏為起點？我們怎樣決定各項教義的次序？神學的意義為何？接下去的各章就討論各種通常在基督教神學裏出現的課題。每一章都會說明：該課題所涵蓋的內容、為甚麼那些議題適宜放在該課題下、不同的神學家如何處理那些議題、為甚麼他們會認為那些議題有不同程度的重要性，以及為甚麼他們會略過某些議題。

你或許需要知道，對你來說，在你閱讀你的神學課本之前或之後閱讀本書會比較好。當然，你或許想要在開始其他研習之前，一口氣看完本書。不過，如果你那樣做的話，你大概還是會因為在學習教義的過程中不時翻看本書，而從中得益的。

有時間、自由和能力去學習神學，這是我所能想到的莫大榮幸；對我來說，那是不斷喜樂的泉源。我期望你會發現，對你來說也是一樣。我也希望，在你享受學習神學的過程中，本書能作出些微的貢獻。

目錄

1 引言

當你開始學習基督教教義之際，若你知道，基督教教義是甚麼一回事，那將對你有益。學習基督教教義跟研讀聖經有何不同？教義與基督徒生活的實際議題有甚麼關係？教義與教會歷史有何關係？基督教教義與其他學科，例如哲學、社會學或物理學等有何關係？

要認識基督教教義是甚麼，最好的方法就是去研究它。當你研究它的時候，你就會發現，你對它的理解加深了，而你對上述問題的答案也逐漸形成。有時候你會學會發問一些更好的問題以及新的問題。智性上和靈性上的成長，不一定是一件關乎尋找答案的事情；有時候，那是一件關乎你懂得「甚麼是重要的問題」的事情。

雖然你將會因研究基督教教義而加深對它的認識，但在你開始的時候，我還是要給你一個方向，這是重要的。要理解教義，一個最簡單的方法，就是把它設想為「教訓」。因此，基督教「教義」就是研究基督教的教訓。這些教訓植根於聖經，經過多個世紀由教會發展出來。有些教義在大多數的地方和時間為大多數的基督徒所接受，而有些則在基督徒中間造成了明顯的分歧。學習教義的其中一項任務是，學會分別重要和不重要的事情。當然，對於甚麼是重要的，甚麼是不重要的事，不是所有基督徒都有一致的看法。

為何要學習教義？

既然基督徒對教義不一定有一致的看法，那麼你會問：「為甚麼要學習教義呢？」乾脆不理會教義，只繼續關注基督徒生活中的一些實際議題，那不是更好嗎？提出這類問題，以及故意迴避談及教義，這都是忽略了幾個重要的因素。

第一，要把基督徒生活與我們所信的分別開來，這是不可能的。我們怎樣生活跟我們所信的是甚麼，是有關連的。有時候，這種關連是清晰和經過仔細思考的；而有些時候，它是不清晰、沒經過仔細思考的。更有些時候，我們的生活跟我們所宣認的信仰是互相牴觸的。學習教義有助基督徒查看我們的生活和信仰的關連。這個過程可以是痛苦的，因我們發現，我們沒有真正活出我們聲稱我們相信的東西。而有些時候，這過程也可以是愉快的，因我們發現我們之所以按照現時的方式生活的理由。這是人在信仰中成長的過程。

第二，要作基督徒，就是要作一位神學家。即使你不是基督徒，研究基督教或就基督教作出思考，這都意味著你必須暫時作一位神學家。神學，基本上就是研究基督教教義。（神學的特點還有許多，我將在稍後介紹。)只要你思想上帝，你就是在做神學，因為神學(theology)就是對上帝的研究(源自希臘文的 *Theos*〔上帝〕)。因此問題不是，究竟你是不是神學家；問題反倒是，你在思考上帝的事上，要做一個謹慎而有見識的人，還是要做一個大意和無知的人。

第三，學習教義有助基督徒把福音忠心地和準確地傳給下一代信徒。學習教義又有助我們把耶穌基督的好消息清楚而忠心地傳給未信的人。教會的使命是宣揚福音，即宣揚耶穌基督的好消息。惟有當我們就福音作出清晰而仔細的思考之後，我們才能做到這一點。

耶穌基督親自示範了祂對教義、對正確思想上帝的關注。祂經常質疑並矯正人們對上帝的觀念。祂與文士和法利賽人的多次公開交鋒，就是智性上的比試：誰會贏得聽眾的擁戴和信任？是耶穌還是其他人？同樣，耶穌與祂的追隨者所共聚的時間，常常是祂教導他們有關上帝的真理的時間。保羅也呼籲基督徒要守住福音，並對上帝要有嚴密的思考。多個世紀以來，基督徒遵從了耶穌的典範，並聽從了保羅的呼籲，結果便產生了基督教教義。

為何要學習基督教教義？因為我們想把我們的信仰和我們的生活連繫起來。因為假如我們要考慮到基督教的主張的話，我們就離不開基督教教義。因為我們這些基督徒是被召來因著所領受的使命，因著耶穌、保羅和教會的榜樣，而進行嚴密的思考的。

神學與教義

我先前介紹過「神學」一詞。既然神學是對上帝的研究，那麼我們就可能有非基督教的神學。那就是說，要研究其他宗教的教義，也是可能的事。例如，我們可以研究猶太教的神學。有人會說得複雜一些，其論點指，神學主要是基督教的產物，而當我們把它應用到其他宗教時，我們就是把基督教的觀點加諸它們之上。這種論點在這裏並不影響我們，因為本書只涉及基督教的神學和基督教的教義。

即使我們把神學拘限於基督教的神學，但這神學還是有一些明顯的區分的。因為廣義來說，神學是指對教義或教訓的研究，所以我們可以說「保羅的神學」、「新約神學」、「舊約神學」和「聖經神學」。如果我們研究基督教教義的歷史，我們也可以稱之為「歷史神學」。有人也會談到「實踐神學」（practical theology），就是指把基督教教義應用到教會的實踐（如基督徒的生活或牧養神學〔pastoral theology〕）上的研究。「神學」一詞的用法幾乎是沒完沒了的。

在本書裏，我們所關注的神學和基督教教義，是對基督教教訓作系統性的研究和表述。這種研究涉及了聖經的教導、教義的歷史，甚至涉及了我們對信仰的實踐。因此當我們學習基督教教義時，我們不會把其他種類的神學（保羅神學、新約神學、歷史神學等）擱置一旁。我們的做法反倒是，在我們詳細闡述教義時，把它們也納入我們的目標之中。

到目前為止，我提到的神學是指對上帝的研究。現在是時候，稍微擴闊這詞的意義了，因為我們基督徒相信，基督教不只是關乎上帝的事情，也是關乎人類的事情。又，如果上帝是宇宙的創造主和救贖主的話，那麼，神學最終來說就是關乎一切的事情，這顯然是我們永不能完成的一項工程。雖然如此，我們還是領受了上帝的召命，在相信上帝的供應之下，在謙虛地承認我們的能力有限之下，在與其他基督徒團結起來的羣體中，開始是項工程。

教義與分歧

當你著手研究基督教教義之時，你大概有一套隱含的、未經檢視的神學，是從你所認識的基督徒——你的教會、你的家庭和朋友——那裏吸收而來的。在更詳細、更清楚明確地學習教義的過程中，其中一種叫人迷失的經驗是，發現不是全部基督徒都以完全一致的方法來相信東西。當然，你在心底裏是知道這一點的，但研究教義就把這一點顯露出來，使你不得不面對它。再說，研究神學會增加你有的問題的數目。它會回答了你的部分問題，但也會產生一些更難的新問題。

事實上，這些分歧和困難應該是在我們意料之內的。畢竟，神學是對上帝和世界的研究，既然我們連自己和世界都不能徹底理解，我們怎能期望徹底理解上帝呢？當然，分歧是必定有的。與此同時，我們基督徒相信，上帝已經把自己啟示給我們看了，我們也就可以憑著信心，著手進行對上帝的研究。在你所學習的這個部分的結論裏，你會更認識基督徒之間的分歧，但你也會更認識基督徒之間的共識。學習基督教教義的其中一個目的，就是豐富你對上帝和世界的認識。當你得知其他基督徒對上帝和對世界的看法時，這個目的就會達到了。

做神學的方法

「方法」可以指很多東西，在這裏我只是指我們如何做神學。有些神學家認為，學會「做神學的方法」的最佳途徑就是去做神學，因此他們對於如何做神學，只提供很少導論或不提供任何導論。這不代表他們沒有一套方法，而只代表他們不願意把方法看成是一種能夠與實際做神學的過程分離的東西。有些神學家則認為，在開始做神學之前，你要對所用的方法有所理解；這一點是重要的，不然的話，你會感到迷失，對正在發生的事根本摸不著頭腦。為幫助你明白在做神學方面有關方法的議題，我們會考慮三個題目：結構、來源和權威。

儘管神學是無所不包的，但對基督教教義的表述還是必須有一個起點和展現某種連貫的格式。這就是關乎結構的問題。神學家還須對他們做神學的資料來源，作出決定。他們引用聖經、教會歷史、經驗、社會狀況，以及其他如哲學等學科，但引用到甚麼程度？這就是關乎來源的問題。與此同時，神學家還須決定，對於神學的各個組成部分，要給予多少的比重。他們會把各種來源視為同等嗎？又或，其中一種來源佔較大的比重？如果兩種來源之間有矛盾，以哪一個作為主導？這就是關乎權威的問題。

結構、來源和權威，這三者是互相交纏的。一個人表述教義的起點，未必反映那最終的權威。譬如，為了與學生連繫起來，老師可能從經驗出發，但那指導著她對教義作出論述的權威，也許是聖經。若干神學家清楚明白地表達他們在這些議題上的立場，通常在其作品的開頭就說明了；而有的就把這些立場包含在他對教義的表述之中，在你學習教義的時候，你也就得知他們的立場。

研究教義時其中一個最首要的目標應該是：辨別你正在學習的那套神學的結構、來源和權威。你可以在稍後修訂你的判斷，但以某種暫時的理解作為開始，總是有益的。為讓你達到這個目標，我們將更詳細地逐一思考它們。

結構

基督教教義的表述並無一個既定的格式。如果你研究幾位神學家的神學，你會發現一些格式上的相似性。儘管神學家們選擇以不同的起點和結構來表述他們的神學，但到最後所涵蓋的教義大都是一樣的，雖然它們表達的方式各異。

在眾神學家之中，其教導教義的起點各有不同。有些以經驗為開始，而他們所建構對教義的理解是，教義是對我們的經驗所作出的反省。他們的論述可能會澄清、矯正及擴大他們開始時所提到的那種經驗。有些則以聖經為起點，以系統化的方式來闡述其中的教訓，並使之與我們的生活連繫起來。還有一些則以神學的歷史和教會的教導來開始，然後才進到聖經和經驗這兩方面。今天，有些神學家以社會狀況，諸如不公義與貧窮，來開始他們對教義的研究，然後探討基督教如何回應這些狀況。

神學家也要在如何表述基督教教義上作出決定。教義的表述應該按照甚麼次序？各項教義應該如何置放？大多數神學家在鋪陳他們的神學之前都以一個導論為開始，就是把我們正在考慮的一些決定，明白地說出來。有時候這個部分是十分簡短的，通常是因為該神學家希望你在做神學的過程中認識他的方法。也有一些神學家以長篇的導論為開始，因為他們希望你在做神學之前，先了解做神學的方法。

來源

神學家一方面在結構上作出決定，一方面也在「來源」上作出決定。我在此所用的「來源」一詞是就廣義來說的，指的不但是某位神學家可能採用那作為引導他、給予他洞見的資料來源，也包括了那質疑或反對基督教教義的一些來源。有關來源的決定，往往是與神學家對有關權威的決定捆綁在一起的，但二者的關係也不一定是直接的，正如我們會在下文所看見的一樣；我們會在下文思考基督教教義中的權威。神學家採用來源的方式，總是與他對來源的權威所作的判斷有關的。

粗略來說（任何有關神學家的一般陳述，幾乎總是有例外的），愈是「保守的」神學家，他們就愈會運用聖經作為資料來源。對於若干神學家來說，基督教教義主要是把聖經的教導作出系統性的表述。於是，譬如說，某位神學家可以從創世記、詩篇、以賽亞書、保羅和彼得的書信，以及其他經文中，搜集有關創造的教導，並把這些教導加以系統化，然後以當代的思考形式將之表達出來。有些神學家則較間接地運用聖經，他們把它視為某種上帝觀和世界觀的來源，然後把這種上帝觀和世界觀建構成一套對基督教教義的說明。還有一些神學家，他們只會偶爾使用聖經作為資料來源，因他們認為聖經是初期時代的產物，當時人們所相信的世界觀，我們現在已不再相信了。

（再一次）粗略地說，愈是「自由的」（liberal）神學家，他們愈會運用經驗作為來源。對於這類神學家來說，基督教教義是建構一套符號；這些符號展示了我們作為有信仰之人的經驗。我們在聖經中所找到的教導，給我們一套符號，那是前人在表達他們的經驗時，發現是用得著的。今天，我們可能覺得別的符號更有效用。所以，譬如說，我們在聖經中看見，罪是以「干犯上帝的律法」這個觀念來表達的。然而今天，這個觀念、這樣的一個符號，已經不能有效地表達我們的經驗，因此神學的任務，就是要找一個能夠有效地表達我們的經驗的新符號。

有些神學家十分重視教義或傳統的歷史，以之作為神學的來源。歷代以來，教會已制訂了一些教義陳述，稱為信經（creeds）、信條（confessions）和教理問答（catechisms）。「信經」通常指在多次分裂之前教會所制訂的陳述。「信條」一向是指某個特定傳統所產生的陳述。而教理問答就是由某個特定傳統所制訂的陳述，用來教導該傳統所相信的全部教義；它主要是用來預備信徒接受洗禮、堅振禮和加入教會作會友的。對某些教會傳統來說，這些陳述對它們的神學工作是不可或缺的。大多數基督徒都接受教會最早期的信經，例如〈使徒信經〉（Apostles' Creed）和〈尼西亞信經〉（Nicene Creed）。有些傳統則倚重那些在它們自身的歷史中所制訂的信條和教理問答。譬如說，有些教會的歷史可追溯至加爾文（John Calvin；十六世紀的新教改教者），這些教會會倚重〈海德堡教理問答〉（Heidelberg Catechism）或〈威斯敏斯特信條和教理問答〉（Westminster Confession and Catechism）。近期羅馬天主教教會也為教友制訂了一套新的教理問答。

並非所有神學家都在他們的神學上採用基督教教義的歷史。就如若干神學家會把聖經視為以前世代的產物，而那時候的世界觀與今天的世界觀已大不相同；照樣，有些神學家會把信經、信條和教理問答視為「受時間所限」、「受文化所限」的陳述，在今天我們所處的新時代和文化之內，它們很難、甚至不能派上用場。

近數十年，愈來愈多的神學家轉向以貧窮、不公義、欺壓和邊緣化等社會狀況，作為做神學的來源。這些神學家依照出埃及記（上帝釋放受奴役的以色列人）和舊約先知書（它們譴責那些欺壓孤兒寡婦及窮人的行動）等經文，以及依照耶穌對窮人和被遺棄者的服事，把種族、階級和性別列為神學的重要範圍。他們大部分可以被歸類為解放神學家（liberation theologians），因他們的神學強調福音在社會上作解放的能力。

最後，我們應該注意一點：有些神學家明顯地倚重其他的學科。傳統上，神學與哲學彼此間一直有緊密的對談，它們考慮的問題和它們的歷史有相當程度的重疊。基督教教義的論述在不同的點上，也可能會觸及社會學、心理學、文學和自然科學。

權威

神學家把不同的來源編織起來，以對基督教教義作出論述，與此同時，他們也是在判斷這些來源的相對權威。通常他們會清楚表明他們的判斷，不論是藉著一個句子明確地表明出來，還是藉著他們運用各種來源的方式。

我在上文已經指出，若干神學家如何把聖經和教義歷史置諸一旁，不再使用它們作為我們今天的權威性指導。然而，為要理解把各個來源當作權威來使用可以是一件何等複雜的事情，我們會考慮到在神學工作上運用經驗的不同方式。對許多神學家來說，經驗是基督教教義的一個重要元素。假如我們在研究教義的過程中，我們來到一個時候，我們對自身經驗的理解與我們對聖經的詮釋之間，似乎存在衝突，那會怎麼樣呢？這個時候，有些神學家會把權威賦予經驗，而調校他們對聖經的詮釋，以配合我們對自身經驗的詮釋。有的會說，聖經——不只是我們對聖經的詮釋——錯了。而有些神學家則會把權威賦予我們對聖經的詮釋，而修正他們對經驗的詮釋，使之符合聖經。

教義與聖經

既然聖經是基督教教義那麼重要的一個部分，我們就需要給它特別的注意。如上所述，神學家對聖經的角色和權威都有不同的判斷。對一些人來說，聖經是資料的載體，基督教教義的任務就是把那資料從聖經抽出，將之組織成一個具連貫性、在邏輯上前後一致的系統。對另一些人來說，聖經見證著那些有基督教信仰之人已擁有的經驗，因此，基督教教義的任務就是尋找途徑，把那些相同經驗傳遞給今天的人。還有對另一些人來說，聖經講述關於上帝在世界工作的故事。在這裏，基督教教義的任務就是指導人忠實地講述那個故事，好讓別人在今天能以進入它。

當神學家以上述不同的方式運用聖經時，他們也是在對聖經的權威作出判斷。不過，這些判斷不一定與運用聖經的方法有一種整齊對應的關係。對一些神學家來說，聖經是無誤的（inerrant）。有些無誤論者相信，當正確詮釋聖經時，聖經在一切事上，包括歷史、地理、科學和教義上，都是無誤的。而有些則相信，聖經只是在關乎信仰和信仰的實踐上無誤的，而在關乎地理、歷史和科學的事上則可能有誤。這後一類的神學家有時候會說，聖經是無謬的（infallible）而不是無誤的。「無誤的」實際上所指的是聖經的內容：它是否教導真理？「無謬的」所指的是聖經的目的：它是否完成其目的？其他神學家則可能把聖經視為權威，而不需使用如「無誤的」或「無謬的」等詞語。

也有神學家把聖經視為做神學的一項重要來源，但沒賦予它任何特別的權威。對他們來說，正如我在上文所指出的，聖經是前人文化下的產物。自從十七、十八世紀的啟蒙運動（Enlightenment）以來，人類的理性和科學已經改變了我們對世界的看法。故此，對這類神學家來說，聖經是基督教的創始文獻，但今天我們必須運用我們從理性和科學得知的一切事情，來矯正它。

在以上對聖經的權威的看法背後，是對上帝在撰寫聖經上的參與作出判斷。凡是把聖經視為權威的神學家，也傾向相信上帝是直接參與在聖經的寫作過程中。他們用「默示」（inspiration）一詞來指出上帝與眾多聖經作者同工的方式，儘管在解釋「默示」一詞上，他們彼此不盡相同。而那些不把聖經當作權威的神學家則相信，聖經只是人類經驗的紀錄，上帝並沒有參與在其中。故此，當他們矯正聖經的教導或將之擱置一旁的時候，他們所做的只是我們對待任何一份文獻的做法，儘管他們承認，聖經在基督徒心目中有特別的地位，是我們的「創始文獻」。

神學風格

當你一路學習基督教教義時，你會很快認識到一點：神學家各有不同的神學風格。所謂的神學風格，不盡然是指寫作風格。我的意思是，有些神學家比較科學化，而有些則比較藝術化。以「科學化風格」來做神學的人，在論證上比較嚴謹。他們小心地把他們的句子加以限制，在表述上採用邏輯關聯，並為他們的結論提供理據。我們可以說，他們是寫給我們聽的，是要觸動我們的思維。而那些以「藝術化風格」來做神學的人，卻是在繪畫一幅圖畫。他們使用色彩繽紛的語言，激發我們的想像，吸引我們進入他們的願景（vision）之中。我們可以說，他們是寫給我們看的，是要觸動我們的心。當然，有少數神學家是二者兼備的，我們應該特別為他們感恩。

最終來說，基督教教義應同時顧及我們聽覺和視覺上的需要，既觸動我們的思維，又觸動我們的心。學習基督教教義的目的，不只是叫我們有更豐富的知識，而是叫我們漸趨成熟，成為耶穌基督的追隨者，叫我們更加像祂。我的盼望和禱告是，本書能在這個過程中幫你一把。

2 上帝

基督徒當然相信上帝。教會的所有信經都以這項認信開始：「我信上帝……」但其他人也相信上帝——猶太人、穆斯林、崇尚哲學的有神論者（他們相信上帝，但沒有把這個信念與宗教信仰拉上關係），還有許多別的人。當基督徒說「我信上帝」的時候，這個基督徒所表達的意思，跟猶太人或穆斯林說同一句話時所表達的意思相同嗎？

基督教神學家有時候或會為這條問題的答案起爭論。但如果我們查看聖經或信經時，答案是清楚的：當我們這些基督徒承認相信上帝的時候，我們所表達的是特殊的意思。在舊約聖經裏，基督徒所信的上帝揀選了一個民族——以色列。在新約聖經裏，我們所信的上帝藉耶穌基督臨到我們。

早期教會對上帝這段啟示的歷史作出反思之後，他們以信經來總結他們的信念。這些信經在我們理解上帝的啟示上，能指導我們。沒有一份信經單單地說：「我信上帝。」反倒是，它們會接下去具體説明「信上帝」的意思：「我信上帝，全能的父……我信我主耶穌基督，上帝的獨生子……我信聖靈。」

故此，基督教教義的其中一項任務，是仔細清晰地識別那位我們所信的，以及我們把生命交託予的上帝。

要履行是項任務，我們有好些進路。有些神學家從某一點開始，有些則從另一點。有些強調識別上帝的某種方法，有些則強調另一種。神學家的起點不一定反映該神學家心目中所認為最重要的事情。當我詳述各種可能性之時，想想你對上帝的信念，以及你所熟悉的神學家。識別上帝的起點在哪裏？我們的起點重要嗎？要識別基督徒所信的上帝，甚麼是最重要的？會不會有某件事比另一件更重要？

上帝的存在

有些神學家試圖以證明上帝的存在，來開始他們有關上帝的教義。這些神學家認為，我們必須先確立某樣東西的存在，然後才能開始考慮那用來識別它的各種特性。阿奎那（Thomas Aquinas；1225 ~ 1274 年）一直被視為這進路的代表，但近來有許多研究他作品的學人，都質疑傳統對他進路的理解。不過，毫無疑問，還有其他人是這進路的代表。

以確立上帝的存在為起點的神學家，以幾個論證來支持上帝的存在。這些論證被賦予一些「專門的」名稱，即一些用來作為速記的名稱，以提醒我們有比這些名稱要長得多的論證。這些論證按名稱有「本體論證」（ontological argument）、「宇宙論證」（cosmological argument)和「目的論證」(teleological argument)。這些名稱都是最通行的，但神學家可以在這些之外，補充其他叫他們心悅誠服的論證。在此，我們不需要關注各種論證的詳情；相反，重要的是，我們要注意一點，當神學家使用它們的時候，它們代表了該神學家的這個信念：要識別基督教的上帝，第一件要做的事是，確立上帝的存在。

這進路受到許多神學家的批評。批評者說：說到底，難道我們在論證上帝是否存在之前，不需要知道我們所相信的上帝是甚麼樣子的嗎？我們可以一開始先論證上帝是否存在，然後，在確立了這一點之後，才論證上帝是甚麼樣子的嗎？在這些批評者之中，有若干的批評者以稍為微妙的方式論證，那證明上帝存在的做法，有時候假設了一些未經檢視的、有關上帝的本性的事情。換句話說，證明上帝存在的論證，把某些未經承認的、有關上帝的信念「私運進來」了。由此可見，某些版本的本體論證或會對上帝的性情假設了一些事情，是從來未經明確承認或論證的。這些假設也許會以隱晦的方式，支配著個人有關上帝的教義的其餘部分。

對比以上批評，好些近年的研究主張，儘管阿奎那和坎特伯雷的安瑟倫(Anselm of Canterbury)等神學家以其對上帝存在的論證而聞名，但他們的論證總是以基督教一種有關上帝的教義為大前題的。因此，儘管他們似乎是以上帝的存在為起點，他們卻不是論證某個上帝(其本性是在以後才加以說明的)的存在；事實是，他們就有關上帝的存在所提出的論據，就是就有關教會在信經中所承認的、聖經中所啟示的上帝其存在所提出的論據。

由此可見，我們不可根據有關上帝的教義的起點，來對神學家作出簡單的判斷。我們要做個有智慧和有識別力的讀者。

上帝的屬性

有些神學家是以說明上帝的屬性或特性，作為其有關上帝的教義的起點。這個進路通常需要開列一張屬性清單，以及為各種屬性提供定義或說明。這些清單所列出的屬性包括聖潔、愛、公義、憐憫、全知、全能、無限、忍耐等。雖然有些屬性可於大部分清單上看到，但是神學家往往各有自己的清單。這透露了一點：這些清單都沒有列出所有關於上帝的描述；它們反倒只是一個提醒或者一個指標，告訴我們上帝是甚麼樣子的。

這些清單按不同的方法分類。大概最常見的是把屬性分為共通的（communicable）與非共通的（incommunicable）。這個分類法並非說，上帝把某些屬性傳給了人類，而沒有把其他屬性傳給人；至少這是我們對“communicate”一字的一向用法。事實是，「共通的」是指人類的某些特性也是上帝的特性，只是在程度上增加了。舉例說，愛是神人共有的東西，不過上帝的愛是完全的。

「非共通的」是指，上帝的某些屬性是沒以程度較輕的形式在人類身上出現的。換句話說，它們完全是人類所缺乏的屬性。例如，說上帝是「無限的」（infinite），這意思不是說上帝沒有人那麼有限（finite）；事實是，它的意思是指，上帝在各方面都不是有限的。(因為「無限的」是否定語——「上帝『不』是『有限的』」——所以無法把這個信念反過來以正面的句子來表達。)

我們可以藉著思想聖經內的吩咐,來更清楚明白這種區分。既然愛是上帝和人某程度上共有的一種屬性,那麼聖經吩咐我們要像上帝那樣去愛,就是一個合理的要求。靠著上帝的恩典,我們可以像上帝那樣去愛。可是,聖經沒有一處吩咐我們要像上帝那樣無限。這樣的吩咐是人無法做到的。

另一種把上帝的屬性分類的做法是由巴特(Karl Barth)提出,因而變得普及的;它把上帝的屬性分為上帝自由的屬性,和上帝愛的屬性。在這種分類法裏,前者大概相當於非共通的屬性,而後者就相當於共通的屬性。

巴特的分類法可被看成是一種回應,以回應那些針對共通與非共通這分類法的批評。批評者說,把上帝的屬性分為共通與非共通的,以及開列一張屬性清單,這經常會是非位格化的(impersonal)做法。有人甚至會表達,這進路無可避免地是非位格化的。那就是說,這做法似乎是把上帝界定為這些屬性的總和,又或,是我們把這些材料混和在一起時所得到的東西。有些批評者把這種批評加以發揮,主張這種區分共通與非共通的進路,與我們從聖經中所認識的有關上帝的教義脱節,使上帝成為我們所定義的一個概念。

雖然我們可以從這些批評汲取教訓,但與此同時,我們也可以給這條進路一個較正面的評價。我們可以把開列和描述上帝的屬性的這種做法,賦予一個較正面的看法，即把這些上帝的屬性視為一些提示記號，叫我們想起聖經所啟示的上帝，以及教會就這啟示而作出的反思。

也許我們可以借助一個粗略的事例，以更明白這一點。你可能聽說過類似的故事：有一間酒吧，所有的常客都聽過彼此講說的笑話。因聽得太多了，他們都不再講笑話，而以一個做法代替：他們給每個熟悉的笑話一個編號，誰想講笑話，那人喊一個編號就是了，於是人人都會想起那個笑話，大笑起來。一個晚上，酒吧來了一位訪客，他開始明白正在發生的事，並想要參與他們的玩樂，於是他喊道：「五號。」可是沒有人笑。其中一位常客說：「此人不懂得講笑話。」

無可否認，這只是一個粗略的例子，它說明了當我們詳述上帝的各種屬性或想起上帝的某種屬性之時，我們是在做甚麼。在開列和描述這些屬性之時，我們是在講述或使人回想起上帝所已經做了的事，以及這些作為所揭示的上帝是怎樣的一位上帝——不論我們所回想到的是以肯定(「上帝是愛」)或否定(「上帝是無限的」)的措詞來表達。這意味著，我們一定要按著各種屬性所叫我們想起上帝是誰的能力，來評價任何對屬性的描述。不論我們如何組織一張屬性清單，我們把甚麼加入清單之內，但到最後，要緊的是，我們的描述是否忠於聖經和教會的反思。

當我們力求識別基督徒所信的上帝時，神學家們在識別上帝的方法上會產生另一個可能的分歧。這個分歧本可以被當作一個獨立的議題來處理，但我認為，把它放在有關上帝的屬性的討論中，更能使讀者明白它。這個分歧是以三個詞組來表達的：*via negativa*，*via affirmativa*，以及 *via eminentia*；它們的意思分別是「否定法」、「肯定法」，和（比較古怪的）「擴充法」。

這三個方法可以用來描述，我們是如何得出上帝的各種屬性的，但它們也可以用來表示，神學家對有關上帝教義的描述，有甚麼較根本的分歧。當把這三個方法用在上帝的屬性上的時候，它們可以簡單地區分，我們是如何陳述某種屬性的。例如，當我們說上帝是無限的，我們是用了否定法（即是說上帝「不是有限的」）；當我們說上帝是愛的時候，我們是用了肯定法（即是肯定上帝有愛這個特性）；當我們說上帝是全能的，我們是用了擴充法(即是說上帝不只是大能的，上帝更是「在一切事上有大能的」）。

這些方法用來識別神學家在如何處理有關上帝教義上一個較根本的分歧，它們亦引出一個較微妙和較難解決的問題。例如，有些神學家用否定法作為我們一切有關上帝的談論的特徵。這些神學家主張，在識別上帝上，我們充其量只能說上帝不是甚麼或上帝不是誰，就連我們看來是描述上帝的肯定語，在本質上它們也是描述上帝不是甚麼或不會做甚麼而已。

我們所身處的時代對人類認識事物的能力充滿信心，因此這個想法看來會是奇怪的和不可接受的。但我們也應該知道，它在教會中久已被人接受，並且今天還有很多有理解力的擁護者。

對比之下，那些支持**肯定法**的神學家主張，我們事實上是能夠說出一些真正識別到「上帝是甚麼」和「上帝是誰」的陳述。他們不排除諸如「上帝不是有限的」等否定語，但他們補充一個信念：這些否定語也向我們透露了一些有關上帝是誰的事情。

以上進路之間的差異過於複雜和困難，我無法在此解決。事實上，我的討論只是嘗試讓你警覺到它們的存在，並給你一個很簡短的介紹。雖然如此，我們至少應該從中學會一些有關我們作為神學家所具備的氣質的事情。從**否定法**的倡議者身上，我們應該學會在我們對上帝的陳述之外，加添相當程度的謙卑；而從**肯定法**的倡議者身上，我們應該學會對聖經、對教會傳統和對聖靈引導我們的能力，加添相當程度的信心。

在這些有關上帝屬性的討論（到此刻為止）背後，隱藏著這個問題：我們如何用語言來指涉上帝？這就引出了一個艱深的議題：**類比**（analogy）。類比是神學家想出來的一個概念，以引導我們對如何用語言指涉上帝有所理解。為幫助你明白這個議題，我會先給你看一個圖像，然後再作解釋。請看以下的圖像，別想太多，大聲說出它是甚麼：

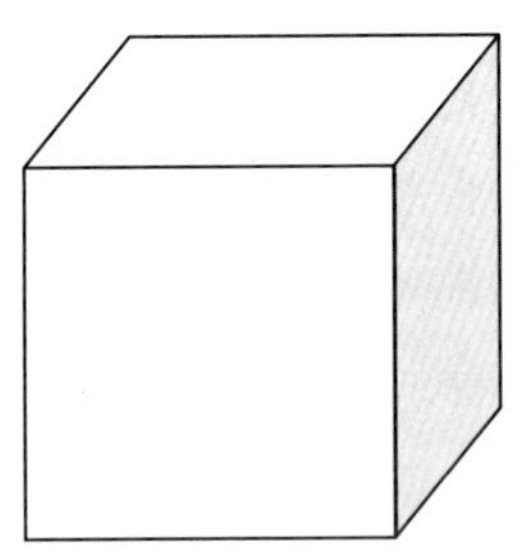

我在課室裏的黑板上畫出這個圖像，問學生它是甚麼。他們大多數說，那是一個立方體。在想了一想以後，他

們明白到那不是一個立方體，而只是以一個平面來表達一個立體的實體。不過，雖然它有限制，但我們還是看出一點：畫家（容許我使用這詞）是用手上現有的材料來指涉一個立方體。這個練習會幫助我們理解（相當於語言的其他用法）語言的類比用法。

相比起類比，我們可以把用語言來指涉上帝的做法，看成是**單義的**（univocal）。這種理解認為，用語言來指涉上帝的方式，和用語言來指涉人的方式完全一樣。這就好像是，堅稱黑板上的圖像真的是個立方體一樣。換句話說，對談論上帝的語言抱著一種單義的看法，就是堅稱我們的字句是與上帝的實在等同的。對比之下，我們可以把用語言來指涉上帝的做法看成是**不明確的**（equivocal）。這種理解認為，上帝對語言的用法跟人類對語言的用法是全無關係的。這就好像是說，黑板上的圖像只讓我們認識那個圖像本身，此外無他。換句話說，對談論上帝的語言抱持一種不明確的進路，就是堅稱我們的字句沒告訴我們一點關於上帝的事。

面對以上困難，神學家們主張，用來談論上帝的語言是**類比**的。那就是說，儘管語言有其限制，而我們的字句跟上帝的實在也不盡相同，但我們的語言實在告訴我們一些關於上帝的事。

由此可見，類比是基督教上帝教義中一個重要的概念。就某層次來說，它夠簡單，簡潔明確。但它也有其深度和複雜性——它們要求那超出本書目的的反省。單就這一點來說，神學足以成為那要求我們終身運用智性能力的事業了。

故事與形象

近來，若干神學家指出，雖然聖經的確有歌頌上帝的屬性（例如：出三十四6；詩二十五8、10；約壹四9；以及其他多處經文），但是聖經中最顯著識別上帝的方式，是透過故事和形象。雖然這種看法現時還沒有被許多神學所採納，但早晚我們會愈來愈多重視它。

這條進路的神學家主張，講故事是我們彼此識別的主要方法之一。例如，如果我跟朋友說起另一個朋友，有關身材外貌的描述固然有用，但要真正認識某人，要知道某人是誰，我們就會想起故事和講說故事。如果我想別人知道，我其中一位朋友是關心人和有憐憫心的，我大可以直說，但我也會加上一個故事，告訴別人當我灰心失意時，這位朋友如何陪我走過一大段路。

照樣，一些聖經故事比其他任何東西更能告訴我們，當我們說上帝是慈愛或有憐憫的，或說上帝是聖潔時，我們的意思是指甚麼。在我聽過的許多神學講座之中，我最深刻記得的是蘭福特（Thomas Langford）再次講說雅各的故事。在那次以故事演繹的講座結束之時，我比以前更明白，說上帝有憐憫，那是甚麼意思。我從那次講座學會尋找其他能夠展現我們所信上帝的性格的故事。當然，對我們所有人來說，最值得回憶的是耶穌所講過的眾多寓言。

上述神學家更進一步主張，故事不但與我們談論彼此的方式有密切的關連，它們也比概念更能識別上帝的行動。換句話說，故事所識別的上帝是一個有位格的踐行者（personal agent）。這樣的主張倚賴一種看法，就是：某人的行動是由一篇敘事（narrative）來識別的。只有藉著提到那些行動，概念才能識別出一位踐行者——即行動的那一位。如果要正確地說明某人是「風趣的」，免不了要提及其一些我們看為「風趣」的行動，譬如說她講了一個笑話，她妙語如珠，或她跟人開玩笑。因此，概念在指涉某個有位格的踐行者之時，它們不能取代那些行動；反之，它們只是叫我們想起那些行動。再者，若干神學家主張，我們需要更留心那些有關上帝的故事，藉此重現我們的概念所指向的實在。（順便一提，這也許是為甚麼人們喜愛從那些像魯益師〔C. S. Lewis〕的故事來學習神學，過於從教科書——像這一本！——學習神學的原因。）

若干神學家已開始指出，在聖經中關於上帝的談論裏，形象也佔了一個重要的角色。在此我只舉出聖經中幾個形象：牧人、君王、救主、戰士、磐石、盾牌、堡壘和葡萄樹。那些提倡要更注意聖經中這些以及其他形象的神學家力言，注意聖經中的形象，會迫使我們把日常生活的東西納入我們有關上帝的教義裏。這樣做，上帝就成為不只是存在的某人，不只是一系列的概念；而是上帝成了我們日常生活的血和肉。

在近期歷史裏，神學傾向於被概念性的思考所主導，故神學家在建構有關上帝的教義上較注意概念，而不大注意故事和形象。儘管概念性的思考會有清晰精確的好處，但它也有可能會成為了無生氣的神學。重新注意聖經中的故事和形象（有些神學家正提出這樣的要求），有助我們的神學重獲生命力，並使之與我們的日常生活發生關連。

三一

在近期神學發展中，其中一個最值得注意的發展是，三一教義得到大量的注意。儘管基督徒都對這項教義作出認信，但我們大部分人卻不容易説出它的意思，又或，説出它與我們的生活有何關連。這項教義是我們信仰的核心，我們應當樂見它得到重新關注。又因為「專業」神學家的著作正逐漸傳到「平信徒」神學家之中，我們更應該期待看見這教義對教會所帶來的影響。

大多數領導著對三一教義作重新反思的神學家也都主張，它是開啟基督教有關上帝教義的鑰匙。為此，他們也主張，它應該是我們作為基督徒，談到上帝的第一件事。又或至少，它是一件我們必須説的、有關上帝最重要的事。

換句話説，對於這些神學家，三一教義把我們對上帝的信仰與其他相信上帝的方式區分出來。回想我在本章開頭時所提出的一點：很多傳統都承認相信上帝；但到底基督徒、穆斯林和猶太人是否全都相信同一位上帝。如果我們明白，當基督徒承認相信上帝的時候，他們總是指涉三一上帝的，那麼我們就能看見，基督徒、穆斯林和猶太人並不是相信同一位上帝。此刻我們已開始看見三一教義的實際意義。

要進一步明白這點，我們可以考慮三一教義和我們的基督論(即我們對耶穌基督的信仰)之間的緊密關連。這兩項教義之間的關連可從這事實而得到説明：早期教會是同時建立起這兩項教義的。從公元一二五年(新約各書卷剛寫成不久)至四五一年(當時的教會領袖聚集一起，並在迦克墩會議〔Council of Chalcedon〕中制訂了一份聲明），教會作出極大努力，就有關談論上帝和耶穌基督時所用的正當措詞設定界限。

在下一章我們會討論基督論；在這裏我們就專注於討論三一教義。在教會存在的早期（125～451年），它努力要建設一項有關上帝的教義，而這教義同時能夠解釋在耶穌基督身上所發生的事情的意義。我們相信在耶穌基督身上，上帝成為人。我們也相信，耶穌基督是由父差來的。那麼，這對我們相信獨一上帝有何影響？如果我們在此以外，還考慮到新約聖經中那些把聖靈置放於與父和耶穌基督同一層次上的經文，那麼，問題就更困難了。我們相信的是三個上帝，還是一個上帝？

教會拒絕以我所提說問題的方式來回答這個問題。因為早期教會明白到，藉耶穌基督來臨的上帝，也是舊約聖經的上帝，所以教會拒絕放棄相信「上帝是獨一的」。與此同時，教會也拒絕放棄相信耶穌基督和聖靈的神性。結果，教會得出三一的教義：上帝是三而一的。

當我們就這段歷史作出進一步反思時，我們可以看出，三一教義並不是一個抽象概念，由一些專業神學家造出來以混亂教會的。而是，這教義是對上帝在耶穌基督身上的啟示，以及對聖靈（祂在多方面引導我們）的來臨，而作出的一個回應。例如，三一教義教導我們，要把新約聖經和舊約聖經當作一個故事來閱讀：舊約的上帝也是新約的上帝。在我們理解耶穌基督的好消息上，這項教義也提供指引：上帝藉耶穌基督來到我們這裏。再者，它教導我們一件事：今天上帝是以聖靈臨在的。以上例子當然無法說盡三一教義的重要性。在你研習神學的過程中，你應該能夠在這些以外，加上其他的例子。

這簡短的歷史性反思應該有助你逐漸看出三一教義的重要性。但在我們轉去談論其他有關三一的議題之前，我應該給你提出一點警告。儘管教會的信經在形式上是三一的（trinitarian），但它們之中卻沒有一份是教導我們對三一作出認信。我在此說明的這一點是微妙而重要的。所有信經在形式上都是三一的；那就是說，它們反映了上帝是一而三的：「我信上帝、全能的父……我信聖子……我信聖靈」。但沒有一份信經是這樣認信的：「我信三一。」對於這一點的重要性，並不是所有神學家都贊同的，但也許，最能理解它的方法就是要認識到，三一教義是一個限定我們相信上帝的方式的原則。那就是說，它代表著，當我們承認我們相信父、子和聖靈的時候，我們所要表達的意思是甚麼。

當我們反思教會如何逐漸理解上帝為三一時，另一個議題便出現了：當我們把上帝言說為三一時，我們所指的是上帝內在的生命，即父、子與聖靈彼此間的關係，抑或是指上帝外在的關係，即上帝如何向我們啟示祂自己呢？神學家稱二者為「內蘊」（immanent）三一與「經世」（economic）三一。在此，「內蘊」的意思是指上帝身為父、子、聖靈的存有（being），祂們彼此間的關係。「經世」指父上帝、子上帝、聖靈上帝在創造和拯救上的工作。內蘊三一與經世三一彼此間的關係如何，這曾是神學家中間一個具爭議性的話題。在這場複雜而重要的爭論中，有兩個關乎存亡的議題。其一是上帝的自由。如果內蘊三一與經世三一是完全等同的話，那麼上帝在創造和拯救上就不是自由地行動了。另一個議題是上帝那關乎「上帝是誰」的啟示。如果內蘊三一與經世三一是彼此分開的話，那麼我們就不能藉著上帝的工作，而真正認識上帝。在許多複雜和概念性的議題之中，那訣竅在於，在上帝的所是(being)與上帝的所為(doing)之間，維持適當的平衡。

另一個引導我們進深學習三一教義的問題是：我們應該從何處開始反思那作為三一的上帝？我們應該以上帝的一性(oneness)還是上帝的三性(threeness)為開始？回答這問題的其中一個方式，來自歐洲文明國家所建構的「西方」神學傳統；這也是最為天主教和基督新教所熟悉的傳統。在這傳統之內的神學家，是以上帝的一性來開展他們的三一教義。以上帝的一性為開始，這會導致我們在有關上帝的教義上產生某些側重點。我們很可能會把上帝想成是一位君主；我們或會強調上帝的威嚴。這進路也會帶來特殊的困難。我們或會傾向強調其中一位神格(Godhead)——不論是父、子還是聖靈——的神性；又或，我們會傾向否認三位的神性。在西方，這個傾向有時候會導致神體一位論(unitarianism)，即否認子和聖靈的神性。以上帝的一性為開始並沒有錯，但我們應該留心我們會面對的潛在錯誤。

另一個神學傳統(我們大部分人都不熟悉它)，是以上帝的三性為開始的。這是地中海東部所建構的「東方」神學傳統，就是今天以東正教會(Eastern Orthodox church)的各個分枝——例如希臘正教會、敘利亞正教會和俄羅斯正教會——為代表的。既然是以上帝的三性為開始，這個神學傳統所強調有關上帝的某些方面，就與西方傳統所強調的有所不同。譬如，這進路或會導致強調上帝的社羣性，而不是祂的君主統治。但是，一如西方傳統那樣，這個東方神學傳統也可能導致錯誤的產生。例如，若干西方神學家關注到，東方神學家描述父與子的關係的方式。在東方傳統之內，可能會有一個傾向，就是把三一上帝的君主統治轉移到只涉及父的君主統治。當東方傳統逐漸把父想成是君主的時候，西方傳統便擔心，這會錯誤地使子和聖靈從屬於父。

這引出另一個關於三一的問題，它顯示了東西方傳統之間最重大的分歧：父、子和聖靈的一體性（unity）是置在哪裏？這就是說，當我們說「父、子和聖靈」的時候，上帝的三性是明顯的；但上帝的一性又在哪裏呢？在西方，上帝的一性在於上帝的一個本質（substance），或在於承認上帝是一個存有（being）。在東方，上帝的一性在於父，是祂把子和聖靈差來的。我們或可用以下方式描述其中的分別：

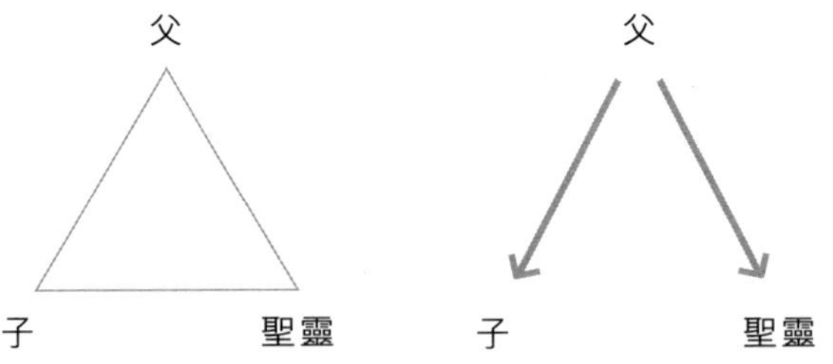

這個分別在兩個〈尼西亞信經〉（Nicene Creed）的版本中被反映出來了。在東方，信經最後部分（或最後一項）的其中一行寫道：「〔我信〕聖靈，從父出來的……」在西方，該行有一個增加的短語：「〔我信〕聖靈，從父

和子（and from the Son）出來的……」這增加的短語稱為「和子」（*filioque*；源自“and the Son”的拉丁文）。就此增加的短語而展開的歷史論爭，其詳情在此對我們並不重要，不過我們可以注意到一點：這場論爭是造成一〇五四年東西方教會大分裂的一個主要因素。就我們的目的而言，其神學的重要性是：在東方傳統看來，這增加的短語破壞了上帝的一體性。如果承認聖靈是由父**和子**而出，那用來描畫上帝的圖畫，在東方傳統看來，就會是這樣的：

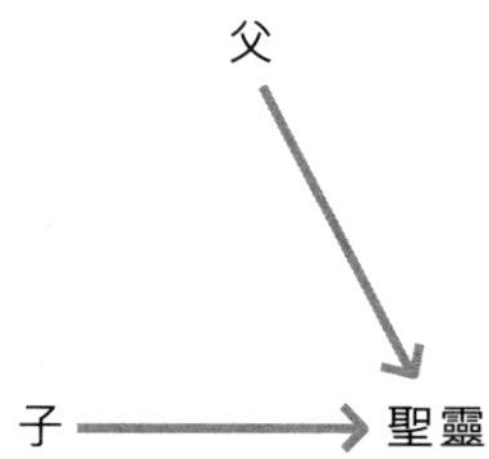

因為東方傳統沒把上帝的一體性主要設想成在本質上或存有上的一（one of substance or being），故此這個西方版本的〈尼西亞信經〉，至今已證明是有礙東西方教會和好的一個無可逾越的障礙。

然而與此同時，在這個似乎是無可逾越的障礙前面，其中一輪最有活力的神學對談也在進行中。這輪對談之所以發生，是因為多位西方神學家憑著東方神學傳統的洞見，來建構他們的三一教義。多個世紀以來，這些傳統都是各自發展，互不相干的。但今天，我們能夠在西方神學家的著作中，看見作者認真地考慮到東方神學的傳統。我們或可期望在未來的數十年，東西方有進一步的重新修好。

除了「到底應以上帝的三性或上帝的一性作為起點」這個問題以外，神學家還提出其他有關三一教義的問題。早期教會為此事而掙扎：甚麼希臘字句可以用來表達上帝的一性和三性。今天，其中最值得注意的問題是關乎我們對「位格」（person）一字的用法。很多基督徒對採用這個字來指稱三一上帝都不感陌生，因為〈聖哉三一〉（"Holy, Holy, Holy"）這首聖詩，其末句寫著「三一上帝，父、子與聖靈」（"God in three persons, blessed Trinity"）。儘管沒有神學家提出要修改這首美好的聖詩的歌詞，但有些神學家卻提出疑問：當我們今天在論及三一上帝時使用「位格」一字，我們對此字的理解是怎樣的。當初教會以 *personae* 這個拉丁文詞語來論及上帝的三性之時，這字所表達的意思跟今天「位格」（person）的意思有很大的差別。「位格」一字跟原本的拉丁文不同，它今天已差不多跟「個人」（individual）同義了。儘管這看來有點兒像神學上的吹毛求疵，但它對我們在有關上帝方面的信仰有重要的影響。如果我們把一個「位格」想像成是一個個人，而我們把上帝想像成是三個「位格」，那麼我們不是近乎把上帝想像成是三個個別的上帝嗎？至少，這一點的神學反思教導我們，我們需要在用來描述上帝的語言上提高警覺，並且在使用「三位位格的上帝」（"God in three persons"）時，我們就特別要深思熟慮。也許我們應該時常提醒自己，我們的意思並不是指，父、子、聖靈三位的「位」，與本書的作者及各位讀者的「位」是一樣的。而我們將在本書關於基督教人性論的篇章中看見，這也會使我們在關於人類作為「人」（persons）這一點上，思考得更為周密。

這個論及三一教義的部分應該激起你更大的興趣，叫你對是項教義作出更多的神學反思。這是一項非常實用的教義；當教會對「藉耶穌基督得救」這個好消息作出反思時，這教義就在此過程中被建構出來。那些領導神學界對這教義重新發生興趣的神學家，有很多關於上帝和基督徒生活的事情可以教導我們。

兩個議題

近來對我們做神學的傳統方式所提出的若干挑戰，使有關上帝的教義出現了兩個尤其相關的議題：(1)採用男性和男性化的語言來談論上帝；(2)我們社會地位(social location)的重要性。重要的一點是，我們要注意並記住，提出這些挑戰的神學家大部分都不是在挑戰上帝。他們反倒是在挑戰我們對上帝的**理解**；他們在問：我們是不是在使用正確的語言和概念，來指導著我們的理解和我們的基督徒生活。

有關用男性和男性化的語言來談論上帝，這個議題是由女性主義神學(feminist theology)所提出的。(我們應該看到，並非所有的女性主義神學家都是女性，又，並非所有女神學家都是女性主義神學家。我們也應該注意到，女性主義神學至今傾向為白人所提倡，它受到以下兩者的挑戰：主要由非裔美籍婦女所倡導的女權主義神學〔womanist theology〕，以及主要由拉丁美洲神學家所倡導的拉丁美洲女性主義神學〔*mujerista* theology〕。)正如我們在稍後各章中所看到的，女性主義神學對很多基督教教義都有影響。就有關上帝的教義來說，女性主義神學特別注意我們對男性語言及對男性化形象和概念的使用。

例如，當我們說上帝是「父親」時，我們的意思是甚麼？當我們說某個男人是「父親」時，我們的意思總是他因性交而得了一個孩子。明顯地，當我們稱上帝為「父親」時，我們的意思並不是這樣。我們的意思也不是指，子上帝是因父上帝與一個女性配偶（不論是人或非人）經過性交而得的結果。（在此，也許值得注意的是，馬利亞是因聖靈的工作，而非父的工作，才懷了耶穌的。）還有，當我們稱呼三一上帝的其中一位為「父」而另一位為「子」的時候，我們是在暗示他們是男性嗎？他們是在哪層意義上作為男性的？我們當然不是指他們有男性的生殖器官。基督徒相信，上帝是靈；上帝是沒有身體的。

（在這方面，我們需要就耶穌基督作出周密的思考。當然，就耶穌作為一個人來說，祂是一個男性。儘管我們難於理解，但這並不意味著，上帝成了一個男性。事實上，我們在新約聖經中找不到一處經文說：上帝成了「一個男性」〔a male〕，或上帝成了「一個男人」〔a man〕。反倒是，新約聖經以及大多數的神學傳統都謹慎地說：上帝成了肉身〔flesh；「道成了肉身」；約一14〕，或上帝成了人〔human〕。）

如是，女性主義神學挑戰我們重新考慮，使用「男性」語言來談論上帝所要表達的意思。女性主義神學也挑戰我們重新思考我們那些關於上帝的男性化概念。例如，當我們說上帝是強壯的，我們的意思是指上帝像男人那樣強壯，比女人跑得快，能舉起較重的物件嗎？抑或，我們的意思是指上帝像女人那樣強壯，在年邁時較男人健康，比男人更長壽？當我們想到上帝的愛的時候，我們是按照我們文化中男人的愛來理解它？抑或，我們是按照我們文化中女人的愛來理解它？同樣，女性主義神學對我們使用男性化的形象來描述上帝，提出質疑。肯定的是，聖經有使用男性化的形象來描述上帝，但聖經也使用女性化的形象來描述上帝。是不是我們的神學傳統已經變得那麼男性主導，以致我們忽略了那些女性化的形象呢？對我們許多人來說，那雖然不容易，但這些問題應該促使我們察看聖經的啟示，並重新思想我們對上帝的理解。

以上問題並不容易回答；今天，圍繞著它們的是許多的神學爭論。神學家在他們的著作中或多或少都提到它們。在某些神學家看來，這些問題是神學工作的核心，並主導著他們的研究。在另一些神學家看來，它們固然重要，但並不佔主導的角色。還有一些神學家認為，這些問題是神學工作的次要部分而已。而在若干神學家看來，它們對神學工作只有些微或幾乎沒有影響。

就這些由女性主義神學所提出的問題作出思考的神學家，以各種方式來回答這些問題。有些考慮它們，只為說明它們是多麼的錯。有些則嘗試把女性主義神學的洞見納入他們的神學之中，以在不同論點上修訂傳統。其中有些仍使用傳統語言，但提醒我們，我們不應該把上帝想像成是男性或男性化的。有些則對上帝教義所使用的語言作出修訂。如是，譬如說，他們以「父—母」（Father-Mother），或簡單地以「母親」（Mother）來談論上帝。又或，他們對用來談論三一上帝的語言作出修訂，並把上帝言說為家長（Parent）、孩子（Child）和聖靈（Spirit）。有些女性主義神學家則推斷，聖經和基督教是那樣充滿著父權的色彩，以致我們必須徹底放棄傳統。這些神學家典型地認為，自己已不在基督教傳統之內，而且他們或許會要求以崇拜「女神」（Goddess）來代替傳統的基督教崇拜。就如你也能夠想像到的，這等改變會造成相當大的爭議和批評。

女性主義神學對傳統所帶來的挑戰，神學家對此作出了不同的回應；不論你對這些回應的反應如何，你總不應該讓它遮蓋了那些已被提出來的重要問題。這些問題現在已成了教會生活的一部分。凡是有幸研讀神學的人，都有責任去仔細考慮它們。

有關上帝的教義，另一個逐漸為人所注意的議題是，我們的社會地位對建構教義的方式所帶來的影響。解放神學（liberation theology）迫使我們面對這個議題；解放神學是在一九六〇年代於拉丁美洲的基督徒中間興起的一個運動，從此已擴展到世界其他地方。某些歐洲及北美神學家拒絕解放神學，認為它是反北美及反資本主義的；其他神學家因為教義上的理由而拒絕它；還有一些神學家則全心全意地接納它；而有些只是有限地使用它。不論我們就解放神學所下的最終結論為何，它在有關上帝的教義上提出了一個重要的議題，是我們不得不嘗試去理解的。

解放神學的著作所帶來的一個結果，就是有更多神學家注意到社會地位在建構有關上帝的教義上所擔當的角色。譬如說，早期教會是在希臘哲學的社會背景下形成的，它在有關上帝的教義上很注意「形而上的」

（metaphysical）問題，這包括我們用來描述上帝的三性和一性的語言；關於上帝在世界各地無處不在、但不是與世界完全一樣的主張，以及關於上帝和時間之間關係的問題，兩者之間的張力。教會是向活在希臘文化下的人傳福音的，因此這些都是教會要處理的重要問題。但解放神學則迫使我們去思想，對所有的文化而言，這些問題是不是僅有的重要問題，又或是不是最重要的問題。而最值得注意的是，解放神學力言，這些議題可能會遮蔽，並且已常常遮蔽了聖經中的上帝啟示。

例如，想一想在拉丁美洲國家裏貧窮基督徒的情況；在那裏基督教是絕大部分人口所宣稱相信的宗教。只要有一天，有關上帝的教義仍是由傳統的形而上議題所主導的話，上帝就必定與貧窮信徒的生命沒多大關係。在這個情況下，解放神學挑戰神學傳統，要求後者對聖經換一種看法，從聖經看出上帝是為窮人和受欺壓者而作工的。於是，上帝就絕對不是與農民的生活無關，而是直接參與其中的。

拉丁美洲的解放神學家固然在很多方面都意見一致，但他們中間也有分歧。有些神學家抨擊傳統有關上帝的教義，認為它是遮蓋了上帝的真本性，並扭曲了耶穌基督所給予窮人和受欺壓者的好消息。有些則接受，形而上的問題是切合希臘文化的，縱使這些問題與今天受欺壓和不公義的處境沒多少關聯。但他們都一致同意，聖經所記載的上帝故事，諸如出埃及記三章 7 至 10 節、申命記十章 18 節、路加福音一章 51 至 53 節及四章 18 至 19 節，都顯示出上帝是窮人和受欺壓者的解放者。

並非所有神學家都與解放神學所提出的問題直接交鋒。但有很多神學家至少會努力處理，我們的社會地位在有關上帝教義的建構上所產生的影響。這個問題與所有文化都是相關的；但為了讓大家看得更清楚，我們將考慮它與美國教會的關係。其中一項尤其相關的，而經常對美國基督徒造成痛苦的「社會地位」就是種族的問題。美國有蓄奴、種族隔離和種族主義的歷史，在這方面的問題是難於啟齒和難於聽見的。非裔美籍的神學家採用基督教信仰和實踐的豐富遺產，以挑戰我們去思想，到底我們傳統關於上帝的教義，是不是把上帝當作是「白種人」。

非裔美籍的神學家所問的問題是有關我們對上帝的概念的本質的。在這一點上，「白」和「黑」代表著那視乎種族身分而定的社會地位。如是，這些神學家挑戰我們去識別出，我們所身處的社會是一直由白人所主宰的，他們從某種社會秩序——建基於讓某種族來支配另一種族的做法——而得益。結果，我們所建構有關上帝的教義，會不會把上帝描畫為一位站在強者一方的上帝，一位即使面對不公義、仍維持著這種社會秩序的上帝？他們像拉丁美洲的解放神學家那樣，挑戰我們去重新發現聖經的教訓：上帝是站在窮人、無權勢之人和受欺壓者一方的。他們挑戰我們去看出：上帝釋放為奴的以色列人，藉此擾亂埃及人的社會秩序；上帝部分因著以色列人苦待孤兒寡婦和貧窮人，而使以色列人遭遇被擄的命運，以此擾亂以色列人的社會；而且上帝藉耶穌基督而賜福與窮人，並把欺壓他們之人定罪。

再次，這些議題在神學家中獲得不同程度的注意。

如果某些神學家沒有直接處理這些議題，你應該考慮到：他們的神學對這些議題是否持開放的態度？他們的神學需要修正嗎？又或他們會不會是把有關這些議題的一些洞見含蓄地納入他們的神學之中？特別是，你應該考慮到，性別、階級和種族在神學著作中所扮演的角色。對某些神學家來說，他們的神學是那些植根於性別、階級或種族的經驗的表達。換句話說，神學是對他們作為一個男人或女人、有特權者或弱勢社羣、白種人或非裔美籍人士的經驗的一種宗教詮釋。對另一些神學家來說，他們的經驗給他們一個看待聖經和教會傳統的視角，讓他們得以看見別人所錯過了的東西。換句話說，神學是對聖經和教會傳統的一種詮釋，這詮釋是受我們的社會地位所影響的。

就第一種情況而言，經驗是具權威性的，而教義是這經驗的表達。當這類神學家遇到一段經文，是和他們的經驗相反的，他們就斷定該段經文是已經過時的，並不相干或帶欺壓成分，然後他們就把它丟掉。就第二種情況來說，聖經是詮釋經驗的權威。當這類神學家遇到一段似乎是與他們經驗不符的經文時，他們會嘗試讓他們對經驗的理解服從於聖經之下，但他們也經常尋找其他的聖經教導，使那難解的經文從屬於這些教導。

舉個例子，保羅的書信有時候吩咐奴僕要對主人忠心順服。這是不是說，聖經肯定了奴隸制度？採用第一條進路的神學家會回答「是」，然後把那經文丟掉。但採用第二條進路的神學家就會指向其他經文（即保羅吩咐主人要善待奴僕的經文），以及指向保羅書信和別處的經文——這些經文教導我們，上帝所造的人是平等的，而且在基督裏人人平等。正是這些經文，激發基督徒帶頭爭取廢除奴隸制度和終止販賣奴隸。

明顯地，由女性主義神學、解放神學和非裔美籍神學家所提出的議題是難解的。要處理它們，最終不是透過神學理論系統，而是一定要藉著活潑的關係。為這緣故，它們通常較那些關於把上帝屬性分類的問題，或關於上帝存在的論證地位的問題，來得痛苦和艱難。又，為這緣故，它們對指導我們生活和見證的神學研究，是很有價值的。

總結

儘管有許多基督徒從來沒有思想過我所提出的議題，他們還是忠心地相信上帝，但教會實在需要一些人，被呼召去思考這類事情。那些要求有周詳思考的問題和挑戰，在教會內外不斷出現。這些問題是難解的，並需要我們中間最優秀的人來處理。對於那些明白物理學那錯綜複雜之事的人，我們一向欣賞他們的智性能力和成就。然而，物理學的研究對象只是上帝所造的世界；神學的研究對象卻是上帝，就是那位創造主和救贖主。故此，即使我們有上帝在聖經中所給我們的啟示和聖靈的指導，我們還是不應該為這一點感到意外：神學工作要求我們擺上最優秀的人材。而我們也應該為我們所研讀的神學家感恩，因他們在我們前面開路，讓我們得以認識我們所信的上帝。

3 耶穌基督的位格

當我們來到研讀耶穌基督的時候，我們就是來到基督教教義的核心，不論神學家把這課題置於他們的神學著作的哪一個部分。畢竟，耶穌基督就是那使基督教教義成為「**基督**教的」的最終因素。在本章及下一章，我們會同時就耶穌基督這個課題來看，神學是如何指導著忠信的思考和忠信的生活。

為甚麼要用兩章來論述耶穌基督呢？一個明顯而實際的理由是：因為耶穌基督是個大課題，將研究分兩章來討論，這會比較容易處理。還有一個神學上的理由。在傳統上，神學已把有關耶穌基督的研究分為兩個關注點：祂是誰（基督的位格），和祂做了甚麼（基督的工作）。對基督位格的研究經常被稱為「基督論」（Christology），雖然有時候，這個名稱也可用來泛指有關耶穌基督的一切事情。對基督的工作的研究，則往往聚焦於祂的被釘與復活。

在本章，我們先看基督的位格；在下一章，我們會看祂的工作。但是，在開始以前，關於我們把位格和工作分開討論的這種做法，有兩點要注意的。

第一，我們應該留心，這樣把課題分開處理，可能會誤導我們，叫我們將耶穌基督的位格和其工作分別開來。但事實上，忽略任何一面，我們也不能掌握另一面。我們對「耶穌是誰」的理解，必定會模造我們對「祂所做之事」的理解；而「祂所做之事」，也必定會模造了我們對「祂是誰」的理解。位格和工作是互相緊扣的。今天一些神學家在挑戰我們要重新思想這樣把位格和工作分開的做法，並要求我們去尋找克服它的方法。

第二，當我們研究耶穌基督的位格、受難和復活之時，我們應該留心我們所遺漏的事情，這就是對耶穌生平的研究。肯定地說，為説明祂的人性，以及為表明祂對其神性的宣稱，我們會從他的言行摘取一些例子。再說，祂的被釘與復活也是祂生命的一部分。但基督教教義所關注的，往往只是説明「祂是人」的**這一點**，而不是祂**如何**作為一個人。我們提出證據説明**這一點**：祂過的是人的生活；但我們不去考慮，祂**如何**過著人的生活。

當然，如果神學所關注的是教會所教導有關耶穌基督的事情，那麼我們可以論證，我們的教義應該把焦點放在教會對耶穌基督的宣稱之上，而不是放在祂的生平之上。在傳統上，大多數神學家都把對耶穌生平的研究留給新約學者。儘管如此，如果我們的教義其中的目的是識別「耶穌基督是誰」，那麼肯定地說，我們就應該更多注意祂的生平，並將祂的生平——祂的言行——結合在我們的教義裏。「祂是誰」、「祂在十字架上為我們做了甚麼」，最終來說是與祂的生活方式不可分割的。因此，在我們轉向研究耶穌基督的位格之時，我們要記住：耶穌基督的生平、祂的位格和祂的工作都是不可分割的。

耶穌基督的位格

有關耶穌基督的教義——基督論——耗費了早期教會在神學上所花的大部分精力。當教會履行它傳福音的職責之時，聆聽者自然會問及一些有關耶穌基督的福音的問題。這些問題和所提出的答案，因而引發教會就福音所宣認有關耶穌基督的事情，作出認真的反思。這種反思的歷史就是我們理解基督論所關切的事情的起點。

歷史發展

耶穌基督的位格在教會歷史的早期就已經成為一個教義上的議題。教會應該教導哪些有關耶穌基督的事情？跟三一的教義一樣，這個問題及其答案是教會最初幾次大公會議的焦點。教會對耶穌基督的宣稱，當時成為一個議題，因為教會就祂所提出的宣稱是奇怪的：耶穌這個人既有神性又有人性。神人二性怎能同時存在於一個人／位格（person）之中？真的有可能嗎？教會在衡量這些問題的各種答案的過程中，並沒有制訂一個靶心，以規定人們在就耶穌基督的位格提出宣稱時，那宣稱一定要擊中這個靶心。反而，教會建立了一些「界限」，好把基督論置於其中。這些界限立定了限度，如果我們要在基督論上做一個忠信的基督徒，我們就一定不可越過它們。當教會制訂這些界限的時候，它也同時識別出哪些觀點是在界限之外、哪些是在界限之內。在界限之外的觀點是「異端」（heresy），在界限之內的就是「正統」（orthodoxy）。

耶穌基督怎麼能一個人/位格兼具二性？人們提出許多答案。有人否認二性的其中一性，以此解決那表面上的矛盾。諾斯底派（Gnostics；或譯「靈智派」）及幻影派（Docetists）都否認耶穌是真正的人。我們不大確定諾斯底派和幻影派確實的關係為何，但二者的看法必定有所重疊。也許我們最好把「諾斯底主義」（Gnosticism）看作是那較籠統的詞彙，而「幻影說」（Docetism）則是用來描述諾斯底派的基督論的詞彙。諾斯底派相信物質在本質上是邪惡的，而且邪惡得無可救贖。故此上帝不可能以一個具肉身的人臨到我們當中。幻影派（其名稱來自希臘文的「看來」〔to appear〕或「似乎」〔to seem〕）主張，耶穌不是真正的人，祂只是看來是人。教會很快就把這些看法判定為異端；不過，我們將會看見，今天有些人會質疑這個裁決。

與否認耶穌的人性相反，另一個要解決「一個位格兼具二性」這弔詭的方法是，否認耶穌的神性。這個看法為伊便尼派（Ebionites）和嗣子派（Adoptionists）所主張。伊便尼派視耶穌為上帝所派來最偉大的先知，比其他先知要優勝得多，而且是最後的一個先知；但他們仍把耶穌看為僅僅是一個人而已。嗣子派主張，耶穌基督出生時僅僅是一個人，並且在受洗的時候被上帝收納為其兒子。傳統的基督教教導把耶穌受洗的一刻，看作是耶穌被**顯明**為上帝兒子的一刻，而嗣子派則把這個時刻看作是耶穌**成為**上帝兒子的一刻。還有，嗣子派主張，上帝是不能死去的。故此，耶穌基督的神性在其死在十字架上之前離開他了。再次，教會很快就把這兩種看法定為異端。

接下來的一種看法，就沒有那麼容易被判別出來了。亞流（Arius；約 260 ～ 336 年）及其追隨者使教會困擾了許多年，並導致全體教會在新約聖經之後舉行第一次大公會議。我們沒有多少由亞流及其追隨者所寫的文獻，因此我們的研究總是帶點不確定的因素。看來明顯的是，亞流主張，真正而完整的神性是不會改變，也不會經驗痛苦的。所以，如果上帝在耶穌基督身上成為人，那在耶穌基督身上成為人的神性，必定是「次等」的神性。神格中的這一位，是上帝所造的第一個受造物。這「兒子」是個受造物，其餘的受造物是藉著他而被造的，而且他統管著一切受造之物。他能夠改變，也能夠經驗痛苦，因為他是個受造物。

亞流的主張在早期教會中很具影響力，但卻遭亞他那修（Athanasius；約 296 ～ 373 年）大力反對。這爭論蔓延極廣，甚至君士坦丁皇帝（他在不久之前才使基督教成為羅馬帝國內一個被「容許」的宗教）召集全體教會領袖，一同在尼西亞會議（Council of Nicea；325 年）中解決這場爭論。是次會議制訂了〈尼西亞信經〉（Nicene Creed）。會議決定反對亞流的看法，並宣認耶穌基督並非似上帝或像上帝，而是祂根本就是上帝。耶穌基督是上帝，就如父是上帝一樣；祂沒有起始，亦不屬於受造世界的一部分。那很能代表這會議所議決的是這個希臘字 *homoousios*（「同質」）：就耶穌基督的神性來說，祂是與上帝「同質的」（same substance）。

然而，爭論沒有就此結束。在隨之而來的多年間，教會有時候由亞流主導，有時候則由亞他那修主導。爭論實際上結束於君士坦丁堡會議（Council of Constantinople；381 年）。是次會議不但確認了尼西亞會議的裁決，更將〈尼西亞信經〉修訂為我們今天所誦念的那版本。在教會的商議及所產生的信經中，教會澄清了聖靈的神性——這是尼西亞會議還沒有做到的一點。有三位神學家對此信經有特別重要的貢獻，他們被稱為「加帕多家教父」（Cappadocians）。他們就是大巴西流（Basil the Great）、女撒的貴格利（Gregory of Nyssa）和拿先斯的貴格利（Gregory of Nazianzus）；教會以他們家鄉之所在，即小亞細亞的加帕多家省來稱呼他們。他們合力維護亞他那修的看法，並且把他關於上帝兒子的神性的論點，延伸至用於聖靈的神性之上。

尼西亞會議及君士坦丁堡會議實際上設定了這宣稱的界限：耶穌基督是完全的人，又是完全的上帝。然而，在這些界限之內還是有空間，讓人有不同的側重點，就如四世紀那些在兩個神學中心——埃及的亞歷山太（Alexandria in Egypt）和敘利亞的安提阿（Antioch in Syria）——所發展出來的理論。在亞歷山太，側重點放在基督的神性上，而在安提阿，側重點就放在基督的人性上。兩個學派的神學家，大部分都謹慎地保持在正統信仰的界限之內，但偶然還是有人偏離了正統的界限。一個亞歷山太的神學家亞波里拿留（Apollinaris / Apollinarius），經君士坦丁堡會議（381 年）裁定為否認耶穌基督那完全的人性。而在以弗所會議（Council of Ephesus；431 年），來自安提阿的神學家涅斯多留（Nestorius）就被裁定為否認基督那完全的神性。即使已經設定了界限，但要維護「耶穌基督既是完全的人、又是完全的上帝」這個奧祕，還是不容易的。

為解決這些進一步的議題，教會領袖們召開了迦克墩會議（Council of Chalcedon；451 年）。這會議產生了那關於耶穌基督的〈迦克墩定義〉（Chalcedonian Definition），這文獻務求為恪守先前會議所議決的教導，特別是〈尼西亞信經〉，提供進一步的指引。即使是在迦克墩會議中，教會領袖們也察覺到一點：他們不可能為擁有神人二性的耶穌基督，給予一個具決定性的、精確的描述。這會議所作的反倒是，加上更多的界限標記。它再次確認，耶穌基督的神性就和父的神性一樣，而祂的人性，在本質上也和我們的人性一樣；耶穌基督的神人二性會合於一個位格之內，兩者「不相混亂，不相交換，不能分開，不能離散」。

可是，爭論還是繼續下去。基督一性論者（monophysites；源自希臘文：*mono* 即「一」，*physis* 即「本性」）主張，在耶穌基督身上，人性和神性混為一體，成為新的本性，以此解決「二性會合於一個位格」這個複雜的邏輯問題。但教會看出一點：這使耶穌變成非人、非上帝，而是兩者的混合體。迦克墩會議實際上已把基督一性論界定為異端。那些堅持基督一性論的教會與大公教會的其他成員分別開來。今天，這些教會通常被稱為東方正統教會（Oriental Orthodox churches；包括亞美尼亞〔Armenian〕、科普特〔Coptic〕、衣索匹亞〔Ethiopian〕和敘利亞〔Syrian〕的正統教），它們有別於那信守〈迦克墩定義〉的東正教教會（Eastern Orthodox churches；其成員眾多的一個教會羣體，包括希臘〔Greek〕、安提阿〔Antiochian〕、俄羅斯〔Russian〕，以及其他正統教教會）。此外，基督一志論者（monothelites；*mono* 即「一」，*thelema* 即「意志」）主張，耶穌基督是完全的人，又是完全的上帝，但祂只有一個意志，就是上帝的意志；他們認為，意志並非完整的人性所必須的。第三次的君士坦丁堡會議（680～681 年）把他們定為異端。

至此，你或許在想，以上這些爭論似乎許多是吹毛求疵的。這一切仔細的區別，其中真正攸關的是甚麼？這段歷史豈不是知識分子就無害的觀念大做文章的一個例子嗎？早期教會並不是這樣想。對於教會來說，存亡攸關的是那藉耶穌基督臨到我們的拯救。他們所糾纏的觀念，有著很重要的實際含義。在他們仔細的判斷背後，是兩個信念。第一，他們深信人類是無法自救的；我們的罪是那麼沉重，惟有上帝才能救我們。要是耶穌基督不是完全的上帝，那麼我們就沒有得救。第二，他們深信，我們完全的人性，只有藉著上帝成為完全的人，才能得著拯救。上帝在耶穌基督身上成為甚麼，甚麼才能被拯救過來。假如耶穌只是不完全的人，那麼他所成為人的那個部分，就是他所拯救的那部分。如果耶穌是完全的人，那麼我們完全的人性就藉基督得著拯救。這是我們遇到的一個例子，說明了基督的位格和其工作最終是無法分割的。

在我們對這些大公會議所作的反思與評估中，我們需要記住，教會是在其羣體內，就福音的宣講而辯論有關的指引的。信經不是向未信者佈道的信息;而是一羣相信的人(由於人們把福音傳給他們,以至於相信)的信仰認信。它們不是給未信者的答案,而是在聲稱信主的一羣人中,對錯誤教義的矯正。

當代議題

今天,很多(也許大部分)神學家依然力圖在大公會議所設定的界限之內,思考耶穌基督。其中有些神學家只試圖重述、闡釋和辯解這些會議的基督論。而其他神學家則力言,儘管我們應該小心不要越過諸會議所定下的界限,但我們卻必須尋找新的語言來表述我們的信仰。這些神學家認為,早期教會是以希臘哲學所提供的範疇(category)來進行辯論的。舉個例子,在亞流與亞他那修的辯論中佔中心位置的「本質」(substance;希臘語為 *ousia*)一詞,在希臘哲學中具有特定的意義;但今天,這個詞已沒有多大的哲學意義了。所以,這些神學家表明,我們必須尋找新的措詞來表述各大公會議所維護的真理。

以上所提及的當代神學家務求持守大公會議所定下的界限,但有些神學家就與他們相反,他們質疑這些界限。故此,在過去三個世紀內,基督論再度成為教會中值得注意的議題。隨著啟蒙運動的興起(十七、十八世紀),並在它持續的影響之下,若干神學家開始轉離以大公會議所體現的教會傳統作為權威,而轉向以人的理性作為權威。正如我們已經看過的,「耶穌基督是二性會合於一個位格之內」的這個主張,是不能有圓滿的解釋的。大公會議不過是為這個奧祕設定界限。若干神學家為求解決這個奧祕，使基督教變得「合理」，他們就開始質疑大公會議的決定。

這種對「合理性」(reasonableness)的追求，導致部分神學家有這樣的主張：耶穌基督是最偉大的教師，又是我們生活的模範，但他卻不是「二性會合於一個位格之內」。這個看法是與其他關於罪和拯救的看法捆綁在一起的，而這些關於罪和拯救的看法，又是與早期教會的看法迥異的：如果耶穌是我們的教師和模範，那麼他已向我們展示了應如何生活，好讓我們能夠克服罪，並且得救。這可不是大公會議的基督論對罪和拯救的理解。

在那些提倡這種關於耶穌基督的「現代」看法的人之中，有些人認為耶穌仍是獨一無二的救主，因為我們惟有藉著祂的教導和模範，才曉得生活之道。而有些人則認為，這種關於耶穌的現代看法意味著，祂並非獨一無二的救主，而只是其中一位教導並示範拯救之道的教師和模範。

許多接受這種關於耶穌的看法的人，他們所持的論據是我們不再受制於大公會議。就像我在上文所指出的神學家那樣，他們力言，大公會議是採用他們文化中的範疇(主要借自希臘哲學)來建構他們的基督論的。但另一方面，他們又跟我在上文所指出的神學家相反的：他們以這個推論來一併否定了大公會議的界限，並主張早期教會的基督論是隱喻性的(metaphorical)或象徵性的(symbolic)。我們今天所需要的是切合這個時代的新的隱喻和象徵。這些新的象徵和範疇，借自如當代哲學和心理學等領域，其數量之多，差不多就像神學家的數目一樣多。

在過去二百年，另一個有關基督的信念興起來：它嘗試在正統信仰之內，為道成肉身提供進一步的說明；它就是「虛己」(kenotic；希臘語為「倒空」〔emptying〕)理論。這理論雖在細節上有不同程度的差異，但一般都是主張，三一上帝的第二位格，為了成為肉身的人，祂「倒空」了自己。這理論試圖解釋的是這個問題：三一上帝的第二位格是無限而充滿榮耀的，祂怎麼能成為一個有限而不榮耀的人？這理論給了一個答案：它們主張，子上帝是自願地限制了自己的神聖力量而成為肉身的。它們的論證，部分是建基於腓立比書二章7節；在那節經文中，保羅說耶穌「倒空自己」(*ekenosen*；源自希臘語 *kenosis*。譯按：《新標點和合本》譯作「虛己」)。對這節經文的理解是具爭議性的。有些人認為，它是指在道成肉身之後基督那犧牲的人生，而不是指在他道成肉身前的一種「形而上式的」(metaphysical)舉動。儘管如此，虛己論今天仍然是一個備受討論和爭議的題目。

與虛己論密切相關的一種宣稱是：如果耶穌基督是完全的上帝，那麼在某種意義上來說，我們一定要談到被釘十字架的上帝。莫特曼(Jürgen Moltmann)在提倡這種說法上，是特別具影響力的。在他和其他人看來，這種宣稱是和上帝的本性有關的：上帝與我們同受苦難，甚至經歷死亡。這個看法與早期教會那主導的看法，大相逕庭；早期教會的看法是，上帝是不會受苦的。因此，有些人拒絕接受莫特曼的宣稱；但有些人則認為，那宣稱是忠於聖經的教導，也沒有越過正統的界限。

今天，另一個爭論範圍是對諾斯底主義的再議。在二十世紀，我們發現了許多諾斯底派文獻，它們多個世紀以來都被埋藏了。因這些發現，有幾個神學家主張，在譴責諾斯底派一事上，政治比神學擔當了一個更重要的角色。換句話說，早期教會的領袖之所以譴責諾斯底主義，是為鞏固自己的勢力，壓制滋事者，而不是為了確立真理，維護福音。儘管想要重新評估諾斯底主義的人是一些活躍而具影響力的學者，但他們卻只是佔少數的。

我在本章稍前部分曾指出，我們通常在基督論上的分法，傾向忽略了耶穌的生平。其中一組要求對基督生平給予重新注意的神學家，便是解放神學家。他們力言，如果我們注重耶穌的生平，我們就會看見，祂的人生使命便是解放貧窮人、受欺壓者和被邊緣化者。我們在上一章看過這種神學，在下一章它將顯得更為重要，但是它也要求我們重新評估我們的基督論。

對於解放神學家所帶來的挑戰，其中一個說法是，他們要求我們對耶穌基督其位格的政治層面，給予更大的注意。為回應希臘哲學，教會的大公會議主要處理的是形而上學的議題。解放神學家對於教會是否需要處理這些形而上學的問題，有不同的評估，但他們一致贊同，神學沒有對由基督生平所引起的政治問題，給予足夠的關注。他們又主張，形而上學的問題本身也是政治問題，不過我們不常認識到這個層面。

如果我們對基督生平給予更大的關注，那麼，據解放神學家所言，我們必會看見，問題就不是簡單地說「耶穌是上帝，他彰顯上帝」；而是說「耶穌彰顯了上帝是怎麼樣的一位上帝」。上帝特別關注貧窮人、受欺壓者和被邊緣化者。畢竟，這些人不正是耶穌傳遞信息和履行使命的對象嗎？祂沒有與富人、有權勢之人和在社會上擁有特權的人來往，而是與受欺壓者、被遺棄者、無權勢的人來往。就我們的基督論來說，解放神學家挑戰我們，叫我們不但說「耶穌是完全的上帝」，更要說「耶穌是怎樣的一位上帝；他被召去施行公義，這就顯示了他是怎樣的一位上帝」。他們也主張，耶穌是以特殊的方式而為完全的人：祂是那位與窮人共度人生的人。因為我們關於「耶穌作為完全的人和完全的上帝」的信仰，影響著我們的生活方式，所以，解放神學家把他們的主張視為對今天教會的挑戰：基督怎樣過活，我們也要怎樣過活。

最後，我們應該注意到，若干神學家雖然沒有深受解放神學所影響，但他們卻也力圖建構一種把耶穌基督的生平、位格和其工作結合起來的基督論。他們為求做到這一點，發展出一套「敍事基督論」（narrative Christology）。這些神學家把大公會議那形而上學的爭論擱置一旁，試圖講述耶穌的故事，就是一個關於那位在其生平、死亡與復活上，都是完全的上帝和完全的人的故事。這種研究基督論的進路仍在建構階段，它的正統性也正受爭議。就絕大部分而言，這些神學家自稱是忠於正統基督教的界限的，同時他們正創建一些思考耶穌基督的新方法。

總結

如果——正如福音所宣告的——上帝藉耶穌基督

臨到我們，我們就不能期望，我們對這宣告的理解是來得容易的。而我們在此已肯定看過了其中的一些複雜性。與此同時，我們也看過教會一些清晰的裁決。雖然「耶穌基督是完全的人，又是完全的上帝」這個主張總有其奧祕成分，但還是有一些圍繞著這奧祕的界限。有些人會質疑這些界限，又或，將之擱置一旁，但教會的大公會議就設定了這些界限。在這些界限之內，總有容讓意見分歧的空間。今天，某些有關基督論的反省，是在這些界限之內進行的；有些則不然。要作出這樣的判斷，決不是容易的事。早期教會歷經數百年才把基督論建立起來。我們像早期教會那樣，在對基督論進行反思時，一定要有耐性和毅力，因它是基督教教義的中心。對教會而言，那最為危急要緊的，是要忠心地把福音傳給下一代。這樣的忠心要求有最上乘的思考和生活；上帝的恩典使這些思考和生活，在我們中間成為可能。

4 耶穌基督的工作

因為耶穌基督是基督教的核心，所以一部神學著作往往需要花上好幾章的篇幅，以好幾個題目來涵蓋那些與祂有關的教義。在上一章，我們看過耶穌基督的位格。在本章，我們將論及這教義的兩方面，它們往往是被分成數章來處理的。雖然我們把這些題目分開來討論，但我們要緊記，它們所涉及的是一個位格和祂的故事；這一點是重要的。雖然我們或會為反省教義的緣故，而把它們分開處理，但耶穌的生平、位格、祂的死和復活，實際上卻是同一個故事的不同層面。

在上一章，我指出了神學經常犯的一個錯誤，就是把耶穌的生平忽略了。因本書只是基督教教義的入門，我不能在此矯正這個錯誤。但我鼓勵你思想耶穌的死和其生活方式的關係，以及耶穌的復活和其生活方式的關係。耶穌之所以被處決，是不是（至少部分地）由於祂的生活方式所致？而祂的復活，是不是顯出了祂的生活方式的大能？這些都是重要的問題，但通常，在新約研究的範圍裏處理它們，較之在基督教教義的範圍內處理它們更為合適。

當我們思想耶穌的死和祂的復活之時，重要的一點是，當我們思考其中一面時，要同時記住另一面。死去的耶穌就是復活了的耶穌；復活了的耶穌就是死去的耶穌。祂的復活向我們透露一些有關祂的死的事情，撇除了這些，我們就無法思考耶穌的死的意義。而撇開了祂的死所包含的意義，我們也就無法理解祂的復活。讀者應謹記這些提醒。現在，我們來看耶穌的死和復活。

耶穌基督的死

基督教教義慣常在「耶穌基督的工作」(the Work of Jesus Christ)這個題目下，討論基督的死。按一般用法，「工作」(work)可以涵蓋許多意思。當神學家用「工作」一詞來細想基督的死的時候，他們是在指出基督來臨的目的。他們是說，耶穌基督的重要性主要在於祂的死。如果耶穌基督是**基督**教教義的核心，又，如果祂的重要性的核心是在於祂的死，那麼，當我們來思考基督的死這項教義的時候，我們就是來到基督教教義的核心了。

神學家用五花八門的措詞和範疇來建構這項教義，以指導著我們對基督的死的理解。許多神學家用「贖罪」(atonement)一語來指稱這項教義，儘管他們會以不同的方式來建構它。「贖罪」衍生自舊約的獻祭制度，在新約中它被用來說明基督的死與該獻祭制度的關係。我們可以用一個簡單的方法去理解這個字的意義，就是把它拆開：at-one-ment。贖罪就是藉耶穌基督的十字架，使上帝與人合而為一。

當神學家就基督的死所成就的贖罪作出反思的時候，他們力求詳細描述贖罪的重要性。他們會用種種概念、形象、主題或理論，來建構一個詳細的贖罪論。我將會用三大範疇來預備你進入研究贖罪論的歷程。有時候，某個時期或某位神學家會以其中一個範疇為主導；有時候，神學家們力求重視多過一個以上的範疇。而且，儘管多位神學家會用同一個範疇來建構他們的教義，但是他們建構教義的方式也很不一樣。基督的死是那麼的意義重大，沒有一種解釋將會說盡它的意義。我們先對各種進路有些理解，然後我們才把它們互相比較，作進一步的探討。

三大進路

用來解釋贖罪論的其中一個最早的範疇是**勝利**（victory）。我們很自然會想到，基督的復活是一種勝利，但新約聖經和基督教教義則較常把基督的死理解為一種勝利。據此看法，基督的死戰勝了那使上帝與人之間分隔的力量，並使我們重新和好。在早期教會中，在路德（Martin Luther；1483 ～ 1546 年）的著作及二十世紀的多個神學家中，這種看法是很普遍的。它有時候被稱為「古典的」（classical）贖罪論。那些提倡它的人經常強調，它不是一套「理論」（theory），而是一種「戲劇性的」（dramatic）贖罪觀。有時候人們也以拉丁短語 *Christus Victor*（勝利者基督），來指涉它。

早期教導關於「勝利者基督」的神學家，往往使用一些我們今天看來是奇怪的形象和語言來詳細說明它的意思。例如，有一位神學家以魚餌和魚鉤的形象來描述基督的得勝。基督的人性是吸引撒但上釣的魚餌；而基督的神性就是摧毀撒但的魚鉤。同樣，有些早期的神學家用贖金的語言來形容基督的死：基督的死贖回了我們。但贖金是向誰支付的呢？上帝必須把贖金付給某人（譬如魔鬼），這想法似乎是不對的。當我們思想這種把基督的死看作勝利的觀點時，我們也被驅使去問：基督勝過了誰，或基督勝過了甚麼。對這個問題，神學家給予不同的答案，其中有撒但、死亡、罪和律法。

雖然這條進路在細節上有些困難，但神學家卻從聖經和基督教傳統裏找著支持它的理據。今天，若干神學家用它來強調罪的結構性本質：在經濟制度、政治制度及其他社會制度中都能發現罪的存在。當面對著貧窮、不公義和欺壓的時候，我們可以從這教導中得著教義上的指引：基督已勝過一切與上帝敵對的、並設法要摧毀人生命的各種力量。

神學家感到在建構贖罪論上有用的另一個範疇是**代替論**（substitution）。代替論強調一個信念：耶穌基督在死的時候取代了我們的位置，為我們做到了一些我們無法做到的事情。安瑟倫（Anselm；約 1033 ～ 1109 年）更具體地詳細說明是項教義；他的解釋被稱為贖罪論的「補償論」（satisfaction theory）。安瑟倫取材於他所身處的封建社會，並主張基督的順服和祂的死，藉著補償上帝的榮耀（因我們的不順服而被干犯了），因而使神人得著復和。後來，加爾文（John Calvin；1509 ～ 1564 年）取材於當時的法律制度，並主張基督承受了我們因犯罪而應得的懲罰。這種觀點被後來好些神學家用來建構他們的「代罰觀」（penal substitution；刑罰〔penal〕意指懲罰〔punishment〕）。這在保守的教會中是最通行的教義。

代替論這範疇強調上帝對罪的憤怒，以及我們因罪所應得的懲罰。有些人質疑這種對上帝憤怒的強調，特別是，這種看法被建構時沒有提及上帝的愛。儘管如此，如果我們把基督的死詮釋為舊約獻祭制度所預示的一件祭物，那麼，代替論這範疇也得到相當程度的聖經支持。不過，正如我們對待其他教義那樣，我們必須以謹慎的態度，以合適的方式來建構它。對許多神學家來說，這意味著在建構代替論式的贖罪論（doctrine of substitutionary atonement）之時，它要與聖經和基督教傳統一致。對另一些神學家來說，這教義意味著我們要以我們的經驗和文化作為指導。

為避開代替論的某些難題，有些神學家把贖罪論表達為一個「代表」（representation）。這理論與代替論關係密切，因此我不會主張這是一個獨立的範疇；但它與代替論卻有些微不同。據此看法，基督沒有代替我們，反倒是，祂在上帝面前代表著我們。

我們在這裏會看的最後一個範疇是，把基督的贖罪詮釋為一種**模範**（example）。這範疇對亞伯拉德（Peter Abelard；1079～1142／43 年）很重要；他和安瑟倫差不多是同時代的人。亞伯拉德認為，安瑟倫的理論太強調上帝的憤怒，對上帝的愛的強調不夠。為反對安瑟倫，他提出基督的死是上帝展示了祂對罪人的愛，這樣的展示具強大力量，能夠感動我們而使我們相信基督。這種看法有時候被稱為「道德影響論」（moral influence theory），但不是人人都同意這是個準確的名稱。

自啟蒙運動以後，以及自人們對人性開始有較樂觀的看法以後，有些神學家以一種與亞伯拉德很不一樣的方式，來建構「以基督的死作為模範」的理論。亞伯拉德把基督的死看成是上帝工作的模範；而後來的神學家則把它看為人類行為的模範。在他們看來，基督給予我們一個範例，說明了我們作為基督徒所必須做到的事情。士來馬赫（Friedrich Schleiermacher；1768～1834年）主張，耶穌基督示範了當我們藉信心與基督聯合起來之時，人類所能做到的事。

現在，我們既然有了這些看法的梗概，我們也就能夠拿它們作一些比較了。頭兩種看法有時候被稱為「客觀的」（objective）贖罪論，因為它們所展示的基督救贖，是一些發生在我們身外的事情。第三種看法被稱為一種「主觀的」（subjective）看法，因為它所展示的贖罪，是一些發生在我們身內的事情。我們或會就這些描述的恰當性作出辯論，但到最後我們得承認，贖罪既是在我們身外發生的事情，因基督死在十字架上；又是在我們身內發生的事情，因我們相信基督。三種看法之間的差異，在於各種看法相對來說對關於憤怒或愛的觀念、對罪的本質，以及對基督在人心裏和人身外的工作所給予的強調有多少。

以基督為勝利者、代替者，和以基督為上帝愛的模範這幾種看法，都有聖經的根據。士來馬赫以及那些抱著類似觀點的人，則較少倚賴聖經的理據。他們的看法其實是來自這樣的一個語境：聖經的權威從屬於經驗和文化之下。在他們看來，相信一位憤怒的上帝，這只屬於較早期的文化，並不屬於我們的文化。所以，若基督的死要在今天有意義的話，那就必須以我們文化所能接受的方式來詮釋它。

到最後，以上各種看法——也許除了士來馬赫等人的看法以外——給我們一扇窗戶，讓我們看見「基督的死是為我們贖罪的事件」的意義。這事件是基督教教義的核心，它仍舊有拯救一切相信之人的能力。基督的贖罪是那麼的意義重大，以致我們無法說盡它的意義和它的重要性。但關於基督教教義的研究，有助預備一代又一代的人，使他們忠心地見證耶穌基督的好消息。

贖罪的範圍

基督教教義其中一個歷史性爭論，是關於基督贖罪的範圍。在十六世紀，加爾文提出，基督只為那些已蒙上帝揀選、得著救恩的人而死。這特殊性（particular）或有限度的贖罪論，是與加爾文其他方面的神學，例如預定論（上帝至高無上地決定了誰會得救）和無條件的揀選（上帝選擇誰會得救，這是不在乎他們的任何行為的——並不附帶條件的），纏結在一起的。儘管今天很多人感到難於接受，但這教義卻是自加爾文以後，大部分新教神學的主流看法。加爾文給它提出了有力的聖經基礎和合乎邏輯的論據，很多保守的神學家仍在教導它。

加爾文死後不久，荷蘭神學家亞米紐斯（James／Jacobus Arminius）質疑加爾文那有限度的贖罪論和有關的教義。亞米紐斯主張，基督的贖罪是普遍性的（general）或普世性的（universal），而不是特殊性或有限度的；不過，只有那些相信基督的人才可以領受救贖的好處。後來，衛斯理(John Wesley；1703～1791年)也教導一種普遍性的贖罪論。今天，在這個問題上，教會的教導仍有分歧。

我們應當小心留意一點：相信「普世性的」贖罪論，不一定暗示著相信普救論(universal salvation)。(我們將在關於拯救論的那一章回到這一點之上。)據亞米紐斯和衛斯理的看法，贖罪的範圍是普世性的，但它的應用卻不是普世性的。只有那些相信基督的人才會從基督的贖罪中受益，並且得救。為避免誤解，亞米紐斯主義者和衛斯理宗的神學家經常以「普遍性的」(general)，而不以「普世性的」(universal)來形容基督的贖罪。

今天，基督教教義經常討論到另一個有關基督贖罪的「範圍」的問題。面對著不公義的政治和經濟結構，以及環境危機，有些神學家主張，我們需要承認基督贖罪的「宇宙性」範圍。他們認為，在保守派神學中佔主導位置的贖罪論——代替論——傾向把基督的贖罪限於個別的人身上。為了矯正這個傾向，他們教導一點：基督的贖罪從個人的層面擴大到社會結構，以至整個創造的層面。如上所述，這些神學家傾向較著重「基督是勝利者」，過於著重「基督作為代替者」。

多個世紀以來，加爾文派和亞米紐斯派之間的爭論不斷在進行。我們要解決它，這是不大可能的。有時候，爭論集中在對聖經經文的詮釋上，有時候則集中在較大的教義問題上。最後，我認為雙方都能夠在一些實際問題上取得共識：教會應該向每一個人宣講福音；拯救是本乎恩典，不是本乎行為；對拯救有把握，這是可能的；聖潔對基督徒生活是不可或缺的。與此同時，神學上的分歧提醒我們，上帝比我們的教義系統要大得多。

耶穌基督的復活

有關耶穌基督的好消息不是以祂的死亡作結的。祂的故事還延續至祂的復活，以及——我們將在稍後的一章會看見的——祂的再來。對於許多基督徒來說，有關復活一事，最重要的問題是：它到底有沒有發生過。我們能夠證明它，或提出一些證據嗎？這是基督教神學一項重要的任務；不過，與其說它是教義的任務，不如說是護教學的任務。護教學這門神學學科，是回應人們對基督教的反對，並為基督教信仰提供證據。而教義神學，它的任務是探討基督教信仰的意義和重要性。當然，我們對教義的研究，也就應該會加增我們的信心，因為我們就能更透徹地理解我們的信仰的含義。在此我主要關注的是復活的教義。在我介紹一些研究復活教義的進路時，我也會指出那可以用來支持它的證據。就基督復活來說，大概最為人熟知的教義觀點是，它是耶穌生平的一件事件，是在歷史上發生過的。正如我在此所描述的，這個觀點所主要強調的是復活的歷史性。它所關注的，與其說是建構復活的神學意義，不如說是為它的發生提供證據。

其他的神學家，例如潘寧博（Wolfhart Pannenberg；1928～年）和莫特曼（Jürgen Moltmann；1926～年），不但肯定復活是耶穌生平的一項歷史事件，他們也嘗試建構它的神學意義。這些神學家經常把復活形容為一終末事件（eschatological event）。「終末論」（eschatology）這個神學術語，指在歷史結束時所發生的事。當神學家把耶穌的復活形容為一終末事件時，他們說的是，它提早向我們揭示了歷史的終局。那就好像你在閱讀一本懸疑小說之前，先翻看最後的幾頁。但其中有一個分別：知道了懸疑小說的結局，那使我們失去了一切歷險的感覺；但知道了那藉耶穌基督的復活所揭示的歷史目標，這就召喚我們來參與一次冒險旅程。

耶穌的復活告訴我們，歷史和整個創造所要朝向的目的地。潘寧博把基督復活理解為一件在歷史上已然發生的終末事件；結果這使他看重復活的歷史證據，例如空墳墓。莫特曼把基督復活理解為一件揭示上帝國已然來臨的終末事件；結果這使他從教會為窮人和受壓制之人所做的工作中，尋找復活的證據。

巴特（Karl Barth；1886～1968 年）也許是二十世紀最卓越的新教神學家。他主張，復活是上帝在時空裏所採取的一個行動，不是歷史研究所能觸及的範圍，也不是服從於歷史研究之下的。他主張，我們需要給予的惟一證據就是聖經的教導。巴特絕對不是拘泥於字面解釋聖經的人，但他看見在聖經與現代文化之間存在著一道鴻溝。面對這道鴻溝，他總是力求使現代文化從屬於聖經之下。因為復活是上帝的行動，我們也需要上帝的行動——信心的恩賜——來相信復活，並讓我們的人生被這復活改變。在巴特看來，要為復活提供歷史證據，是對人的理性的倚賴，這是不可接受的，因為在這方面，我們被召要作的其實是對上帝的倚賴。

跟巴特成為鮮明對比的是布特曼（Rudolf Bultmann；

1884～1976年）的立場，他是一位新約學者兼神學家。布特曼認為，復活是發生在門徒生命中而不是發生在耶穌生平中的歷史事件。耶穌死後，門徒發現，對於耶穌的回憶，以及祂那作門徒的呼召，仍在他們身上具有效力。在一個前現代的、不科學的世界裏，「復活」是他們所擁有的、給耶穌這持續的重要性那最佳和最有說服力的描述了。然而，據布特曼的看法，現代人無法相信死後有生命——一種按字面理解的、具身體的復活。於是，布特曼等人按著現代文化來重新詮釋新約，他們主張，甚麼時候人們把信心放在耶穌基督身上，甚麼時候就有「復活」發生。布特曼的教義可以說是對復活的一種心理學式的（psychological）或存在主義式的（existential）看法。布特曼及其他接受這看法的人，也以存在主義的概念範疇，重新詮釋新約的許多其他主張。

有幾個神學家藉著不把復活當作是今天基督教教義的一個課題，從而超越了布特曼的主張。他們認為，復活不過是較早期世界觀的一個宣稱，與今天的我們已不相干了。這些神學家把聖經及基督教傳統的權威置諸不理，以支持他們對當下的經驗所作出的詮釋。

雖然如此，對於大部分神學家來說，耶穌基督的復活始終是耶穌基督福音那不可或缺的部分；這福音是教義被召去保存和給予指導的。儘管在有關復活意義的某些點上，他們或許會有所分歧，但他們都一致同意，沒有復活，耶穌的故事就變得不完整，而且，「我們若靠基督只在今生有指望，就算比眾人更可憐」（林前十五19）。

總結

對於大部分神學家來說，耶穌基督的死和復活給我們提供了鑰匙，讓我們詮釋耶穌的一生，以及詮釋上帝在我們世界的一切作為。我們從耶穌的死看見，上帝樂意作為一頭贖罪的祭牲，進入我們的痛苦之中。我們從耶穌的復活看見，上帝那勝過罪的後果的大能。對某些神學家來說，復活證明了基督的神性，又或，復活是顯明基督的神性的一個記號。但它也是顯明基督的人性的一個記號。當我們把耶穌基督釘在十字架上之時，我們展示了我們的裁決：在宗教上祂是褻瀆上帝的，在政治上他是個革命分子。當上帝使祂從死裏復活之時，上帝逆轉了我們的裁決。在耶穌復活的時候，上帝宣告：在耶穌身上，我們找著了有關上帝和人類的真啟示。耶穌過的一生是那位賜生命者所稱許的人生——這就是永生。耶穌所教導的事情，是上帝和世界的真相。一旦我們藉著上帝所賜的信心與基督聯合起來，祂的死就成了我們舊生命的結束，祂的復活就成了我們新生命的來源。願你在基督教教義上的學習，會在你的人生中印證這真理；願你的人生為別人而獻出，好叫你也認識到基督復活的大能（腓三 10 ～ 11）。

5 聖靈

在寫本書的過程中，我有一刻跟自己辯論：到底要不要把論聖靈的這一章包括在內？是次辯論顯示了基督教神學在有關聖靈的教義上所面對的窘境：因著聖靈的本性和工作，有關聖靈的教義似乎已在其他教義的題目下得到充分的處理了。故此，把聖靈作為一個獨立的題目來集中處理它，似乎是多此一舉的。結果，有時候一些神學所給予聖靈這項教義的具體注意是少之又少的；它們只把它當作其他教義的補充，或其他教義的一個層面來處理。這樣的進路不全是錯的，而很多神學只憑這進路也能做得很稱職。只是，讓有關聖靈的教義從屬於其他教義，這結果也許會貶低了聖靈。有些人更會進一步說，神學確實經常忽略了、甚至壓抑了有關聖靈的教義。

我的辯論因撰寫了本章而得到解決，你也因此而會在本章裏找到一些題目，是在其他篇章裏也曾提及的。在聖經裏，聖靈似乎扮演著一個類似「支援的角色」：祂使創造有生氣，使耶穌有能力，使人得著改變。在這些例子裏，創造、耶穌和人都是舞台的中心，而聖靈在他們／它們身上工作。但是，仔細的思考會顯明了一點：聖靈的工作在這場戲劇中扮演了一個重要的角色。我們甚至可以在這裏看見福音的奧祕：聖靈的工作是最重要的，祂的工作卻是為他者而做的。

故此，有些神學家已提出，基督教神學可能來到一個時候，我們應該想一想：如果聖靈被視為解釋的中心人物，那將是怎樣的一套教義說明？然而，在這個提議得到充分的探討，在這樣的說明實際地被建立起來之前，我會在此向你引介研究有關聖靈的教義那較傳統的進路。

因此，在本章裏，你會留意到有許多與本書其餘篇章重疊的地方。這樣的重疊是聖靈的教義那無可避免的特點之一。可是我也會嘗試特別聚焦於那可能在其他篇章中從屬於其他教義的聖靈教義。教義之間彼此交纏，這教導我們一些有關福音和神學工作的事情。不少神學不過是以不同的集中點來觀看同一個福音。於是，當我們仔細地看耶穌基督的時候，我們就可以得知許多有關上帝的事情。我們可以特別聚焦在罪之上，以便得知有關罪的事情；但我們也可以聚焦於有關拯救的教義上，從而得知有關罪的事情。有關創造的教義教導我們有關人類的事情，但我們也需要聚焦於那有關人的教義之上，並以之為一個獨立的教義課題。同樣，在本章裏，我們會從其他幾項教義的角度，來集中地看聖靈，並看它們是如何交纏在一起的。不過我也會嘗試指出此教義某些沒有在本書的其他部分所涵蓋的層面。假如你把此入門書與其他神學一併閱讀，你可以把所討論的內容及內容的編排方式作個比較，那麼，你會從中得益不少。

聖靈與上帝

有關聖靈的正統基督教教導，其中很重要的一點是：承認聖靈有完全的神性，與父和子的神性是一樣的。是項認信對於基督徒來説，不總是完全清晰的，這是因著「〔聖〕靈」(Spirit)這個字的緣故，也是因著聖靈工作的本性的緣故。在某些神學裏，聖靈被稱為三一上帝中那「羞怯的一員」，因為據他們說，聖靈喜歡留在幕後、不為人知地工作。在這説法中，那有限的真理有時候導致人們忽略或甚至否認聖靈的神性。使情況更為複雜的是，聖經裏的「靈」(spirit)，不一定是用來指三一上帝的第三位，而是用來較籠統地指上帝的能力或上帝的臨在。

我們可以從早期教會的作品中看見這教義困難之處。在最初由尼西亞會議(Council of Nicea)所制訂的信經裏，教會只是僅僅承認相信聖靈。在信經的開頭，以幾行句子來承認相信父，並且以很多行句子來承認相信子，之後，原初的〈尼西亞信經〉(Nicene Creed)便過於簡略地承認：「我信聖靈。」僅此而已。這相對地對聖靈的忽略，反映了當時的時勢：有關耶穌基督的教導正受到攻擊。這個忽略在君士坦丁堡會議(Council of Constantinople)中被矯正過來，當時〈尼西亞信經〉被修訂了，而聖靈的完全神性得到肯定：「我信聖靈，賜生命的主，從父和子出來，與父子同受敬拜，同受尊榮。」加帕多家教父的其中一位，該撒利亞的巴西流(Basil of Caesarea；又稱「大巴西流」〔Basil the Great〕)，寫了一份專著《論聖靈》(*On the Holy Spirit*)，這專著幫助教會仔細思考這項教義。從那時候起，偉大的教義傳統就大膽而忠心地承認聖靈的神性。

當我們承認聖靈的神性之時，我們頗自然地被帶進有關三一的教義之中。本書論及上帝的那一章已相當詳細地考慮過有關三一的教義，並討論過在東西方教會的分裂上，有關聖靈的教義所扮演的角色。在此我只集中看關於聖靈的一點。在三一的教義對聖靈的討論中，聖靈經常被視為是在父和子之間來往的那一位。要分辨父和子這兩位，那是容易的；但要識別聖靈在三一上帝的內在生命中所擔當的角色，這就沒那麼容易了。有很多（也許大部分）神學都把這個角色定為填補父和子之間「缺口」（gap）的那一位。聖靈是把父和子聯合起來的那一位；又或，聖靈是二者之間的愛。

這個進路已在教會傳統中被確立起來，它值得推崇之處有很多。可是今天，有些神學家在質疑：到底這樣關於聖靈角色的說明，有沒有真正給予聖靈足夠的重視。我們是否可以把聖靈想像為：聖靈在父和子之間的「空間」（space）以外能找著祂的身分，而又仍然與父和子有關係嗎？這個問題反映了那因不斷了解上帝本身內在生命的深奧而獲得的喜悅。

最後，聖靈的神性也會在女性主義神學家的考慮之內。若干女性主義神學家提出，聖靈代表著上帝的生命和身分中的女性部分。這個提議在任何派系的神學中都未曾得到廣泛的接納。很多神學家拒絕它，因為它錯誤地把男女性別的觀念加在上帝身上。就連那些會對這樣的觀念抱開放態度的人，也認識到一點：藉著把女性成分混入一項傳統以來都被忽略的教義中，我們把聖靈看成是上帝生命和工作的女性部分，這很容易產生反效果，就是使女性主義神學所務求要克服的那種態度和立場，更為堅定不移。

聖靈與耶穌基督

說到聖靈與耶穌基督的關係，這方面的教義發展得比較成熟。若干神學家取材一些在聖經中較清晰的重點，就是耶穌擁有和差遣聖靈。這兩個重點經常被視為兩個代表著對觀福音（耶穌擁有聖靈）和約翰福音（耶穌差遣聖靈）的進路。

有關聖靈教義的另一個發展，是以某些主張「聖靈基督論」（Spirit Christology）的神學作為代表。這教義的重點通常指出，耶穌基督的故事不難看出是集中於聖靈的工作之上。聖靈是耶穌成孕的中介，並引導著那為耶穌降生而預備的工作。那迎接耶穌降生的早期預言，也是聖靈的工作。是聖靈驅使耶穌到曠野去，使耶穌的事奉充滿能力。再者，至少在某些新約經文裏，聖靈就是復活的大能。

大部分的神學依然教導有關耶穌職事和使命的傳統次序：耶穌的職事和使命是聖靈工作的基礎；而聖靈的工作就是延續耶穌的職事和使命。可是，也有一些神學稍微改變了這個次序，更多考慮到聖靈從耶穌基督的故事之始便有的使命。實在，如果我們把福音看作是拯救故事，那麼我們就能夠考慮用更多的方式（就如這個方式），好使我們在講故事時的重點多一些變化，由此也給我們更多教導這教義的方法——這教義就是指導並守護著我們所活出來、所講說的故事的。

聖靈與創造

我在論及有關創造的教義的那一章裏指出，有關創造的教義相對地為神學界所忽略。當我們把對這教義的忽略和對聖靈教義的忽略並列而看的時候，我們就來到一個經常是很薄弱的，有時候甚至是不存在的神學領域。有些神學會指出，在創世記的敍事裏，經文提及上帝的「靈」的臨在（創一2）。這「靈」是「〔聖〕靈」（三一上帝的第三位），還是那一般用來指稱上帝臨在的「靈」（spirit）？同樣，有些神學會指出聖靈在維持創造的生命（就如詩一〇三篇），以及在期待創造得贖（羅八章）上的工作。但這類討論仍屬較罕見的。近年的一些神學發展趨向一個較接近三一式的創造教義，這也應該令人們更多注意到聖靈在創造上的角色。在那些循此方向思考的神學家中，聖靈在創造上的工作為他們提供了新的方式去處理進化論的問題，就是從「聖靈不斷地在創造中工作」這個角度來思考問題。有些神學家更從聖靈在維持受造生命上的工作，找著了基督教教義對關注環保問題的指引。

聖靈與拯救

在拯救的工作上，有關聖靈的教義明顯佔著舞台的中心位置，因聖靈把基督所已成就的應用出來。我在論及拯救的那一章裏指出，很多神學都把拯救的範圍擴大，不限於只關心個別的人，更包括了整個宇宙在內。聖靈在使宇宙得拯救、脱離邪惡勢力一事上的工作，是很重要的，只有少數神學正在處理這個議題；但在大多數的神學裏，聖靈在拯救上的工作只涉及人類。

在使人類得救的工作上，我們可以把聖靈看成是使人歸正、使人成熟和裝備人的那一位。我們不會在每一種神學中都找著這幾方面的討論，而且各種神學都不一定是以相同的方式來看聖靈的工作的。

關於聖靈那使人歸正的工作，我們可以用多樣化的術語來形容。我們所用的術語，會反映我們對某方面的側重，或對歸正的理解。是聖靈使我們相信基督嗎？使我們「重生」？使我們成為「新人」？把我們帶進上帝的家庭裏？諸如此類。以上任何一種描述，都不能徹底地描述拯救工作的意思。即使是我所用的「歸正」（conversion）一語，它也反映了某個研究聖靈在拯救上的工作的進路。以上所有術語都是合乎聖經的，因此要思考的問題是：我們如何藉著使用這些術語，來教導人認識聖靈的工作。尤其是，我們可以藉著留意哪個術語在某套神學中最得著強調，並留意那術語的選擇是如何塑造對聖靈的理解，從而得益不少。

有關聖靈的教義可能涉及拯救教義的好些其他方面。有幾方面我會在論及拯救的那一章中處理，其中包括有關預定、揀選、恩典和忍耐到底的問題。不過有一個較適切在此討論的問題是：聖靈在使信徒成為聖潔，藉此叫他們成長這事上的工作。這就是在那些已相信耶穌基督的人的生命中的成聖工作（work of sanctification）。在基督教傳統中，所有宗派都同意，聖靈的其中一項工作就是使我們成為聖潔。但至於這工作是如何發生，就有不同的意見。並不是所有神學都對這個問題加以注意，而在那些注意這問題的人中，他們又會有幾種不同的進路。

很多神學會把聖靈那使人成聖之工作，看作是一個漸進的過程，需要信徒許多的操練和掙扎，它特別伴隨著一些挫敗和成功。總體來說，這個過程會趨向更大程度的聖潔，但它永不會在此生完成。一般來說，這個看法是改革宗（Reformed tradition）和信義宗傳統（Lutheran tradition）的神學——包括了受它們影響的宗派如浸信宗（Baptist）——所教導的。

與這個看法成為對比的是，若干神學教導著，雖然我們會一度邁向聖潔，但我們還是有這個應許、這個盼望、這份期望：在某一刻，聖靈的工作會即時使我們成為聖潔。聖靈這即時的工作，通常被看作是聖靈使我們成為完全聖潔的那一刻。因此，它有時候被稱為「完全的成聖」（entire sanctification）或「成為完全」（perfection）。這個看法以衞斯理（John Wesley）的教導作為依歸；他本人卻不曾聲稱自己擁有過這樣的聖潔，也沒有認為大部分信徒都擁有它。那些源自衞斯理的教會在是項教導上意見不一。有些教會如拿撒勒派（Nazarenes）和衞斯理派（Wesleyans），在歷史上以這教導作為他們教導中重要的一部分。但另一方面，聯合循道派（United Methodists）則沒有教導這項教義。情況也是這樣的：在這些傳統中，神學家們對「完全的成聖」的意義有不同的看法。

最後，我應該指出對聖靈在「拯救」上的工作一種全然不同的進路，那就是重浸/洗派（Anabaptist）傳統的進路。重浸/洗派的運動是在宗教改革運動時期興起的，今天仍在門諾會（Mennonite church）及其他類似的教派中延續；對他們而言，側重點不應該放在聖靈在

「拯救」方面的工作，而應該放在聖靈使我們成為耶穌基督的門徒的工作上。對他們來說，我們的關注不應該是要得救或已經得救，而應該是要跟從耶穌。聖靈的工作是賦予我們力量，好踏上作門徒之路。

至此，關於聖靈使人歸正和使人成長的工作，我們已經看過了聖靈和拯救與這些工作的關係。聖靈第三方面的工作，即是裝備信徒的工作，會把我們帶進有關教會的教義之中。

聖靈與教會

教會的大傳統都贊同，教會是由聖靈根據基督那實踐父上帝旨意的工作而產生的。這傳統也贊同，教會的特質是來自聖靈的。這些獲贊同的看法，會在論及教會的那一章中詳細討論。

在這個廣泛而明顯的共識之內，對於聖靈在教會中的工作，在看法上也存在著一些分歧。最明顯的分歧，是關乎聖靈在裝備教會以履行其職事和使命上的工作。在這方面，我們可以看見不同的側重點和關注。從歷史上看，其中最明顯的側重點或關注點是，在五旬節派傳統（Pentecostal tradition）和靈恩傳統（charismatic tradition）中的教會教導。這兩個傳統的教導有時候也有些微的分別，但它們所一致認同的看法，卻是和其他教會傳統成為對比的。

分別點在於教會在某些聖靈的恩賜（gifts of the Spirit）上的教導；這些恩賜經常被標籤為「神蹟的」（miraculous）或「記號的」（sign）恩賜。這些恩賜包括行神蹟的恩賜、說預言的恩賜、說方言的恩賜，和翻方言的恩賜（見林前十二～十四章）。往往，說方言的恩賜特別是焦點。這種聖靈的恩賜對五旬節派教會的教導和身分來說是十分重要的；它在靈恩教會中的重要性稍為低些，但這些標籤是頗不固定的，它們本身所告訴我們的並不多。

從歷史上說，五旬節派教會以使徒行傳二章所描述的五旬節作為依據，但在較近期，它們把其起源追溯至二十世紀初期。那時候，五旬節派力言，今天仍有說方言的恩賜存在；說方言是「受聖靈的洗」的記號，而受聖靈的洗就是使信徒有服事的能力。這教導與當時大部分教會的教導迥異；後者認為，聖靈不再賜下神蹟的恩賜，包括說方言的恩賜。今天，那差異沒有那麼鮮明。很多在五旬節派傳統以外的教會或會接受，信徒可以得到說方言的恩賜，但在關於其重要性和「聖靈的洗」的看法上，他們就意見分歧。

撇開這種差異，聖靈在裝備教會以履行職事和使命上的工作，是很多神學的一個重要主題。在各種不同的教會傳統中，聖靈的恩賜被視為是對教會的健康和生命至關重要的。那些恩賜在教會之內、在上帝的子民中如何分派，至今仍是一個爭論點。但毫無疑問的是，教會的生命必須要有聖靈的能力。

聖靈與聖經

聖靈的能力在教會中運行的其中一個方式，就是透過聖經。在本書第一章已提及，聖經的角色在幾點上與神學的任務相關。我在那裏指出，聖經於神學上的角色和權威，在眾神學家及各派神學中，都各有不同。當我們集中看聖靈的教義時，其中一個值得注意的範圍便是聖靈與聖經的關係。這方面的工作是那麼的意義重大，甚至有很多神學把聖經從其他教義分別出來，用一整章的篇幅來討論它。不過，即使是在那些神學裏，最中心的問題仍是聖靈的工作。

為使有關教義的討論清晰起見，我們可以把聖靈與聖經的關係整齊地分為三個部分：首先確認上帝和上帝的工作；把上帝的身分和活動記錄下來；由讀者和聽眾接收所記錄下來的信息。雖然我們可以為著分析和反省的目的，區分這幾個元素，但在實際上，我們是不能這麼整齊地把它們切割的。

聖經的記述是以確認這一點為開始的：上帝藉各式各樣的方法來向人顯示祂的身分和祂的活動，這包括行動、說話、夢境，以及許多其他方法（所有這一切都在耶穌基督身上達至圓滿）。對於某些人來說，這些記述不過是人類宗教經驗的記錄，因它們是我們羣體歷史的一部分，所以對我們來說才顯得重要。可是對其他神學家來說，要確認上帝，就必須要有聖靈的工作：聖靈打開人們的眼睛，開通他們的耳朵，來接收上帝的啟示。這後一類的神學家也許會在「聖靈如何達到這個目的」上有不同的解釋，但他們都同意，沒有聖靈的工作，人類就認不出、也接收不到上帝的啟示。

對於這些認為聖靈在人類認出並接收上帝的啟示上工作的神學家來說，下一步要考慮的是，聖靈在上帝的啟示被記錄下來而成為聖經的時候的工作。這是基督教教義其中一個最棘手的議題：在聖經的成書過程中，聖靈如何工作？明顯地，聖經是人類活動的產物。但同樣明顯的是，舊約和新約聖經都宣稱，上帝在聖經的成書過程中工作。這兩者——人類作者和聖靈——如何同工？其中一方的影響力會壓倒另一方嗎？人類作者的限制會窒礙了聖靈的工作嗎？如果聖靈不受人類作者的限制所拘束，那麼聖靈的大能會抹煞了人類一方的貢獻嗎？這些都是神學家要解決的難題。

開始的問題是關乎聖靈對聖經的人類作者的影響。但這個問題很快就發展成為一條關乎那寫成的聖經的問題。神學家也許會就這條問題，對聖經的本性作出激烈的辯論。他們就「無謬性」(infallibility)和「無誤性」(inerrancy)等詞，作出定義和辯論。不是所有神學家都對聖靈與聖經的關係，作出這麼深入的討論。部分神學家只滿足於這個說法：聖靈在聖經的成書過程中工作，因此聖經是可靠而具權威的；而我們不需要對聖靈的工作，作出詳細的交代。

據許多神學家看來，聖靈與聖經的關係並沒有就此結束，直到聖經成為我們認識耶穌基督福音的途徑，叫我們相信祂、成為基督和教會的一員，並依從基督所教導的道路之後，聖靈與聖經的關係才算告一段落。換句話說，聖靈透過聖經，在我們心中工作，使我們進入在耶穌基督裏的信仰生命。聖靈這方面的工作，是與拯救論有密切關係的，不過在某些神學中，也許還會特別注重聖靈的工作與聖經是如何相關的。

最後，我們可以指出一點：某些神學也會在我已提出的說明中，對羣體作較大的強調：聖靈是透過這羣體來工作的。今天我們有一種趨向，說到確認上帝的工作，說到寫聖經及接受聖經的教導，我們就想到個人上去。但據若干神學家的看法，在聖經裏，羣體比個人更重要；上帝的啟示是由羣體辨認出的。儘管有形的書寫工作是必須由個人來執行的，但那把律法書建立起來，領受詩歌書，使智慧書成形，識別真預言並加以保存的，講說和重述福音書，賦予新約書信一個輪廓的，卻是羣體。這種對羣體的強調，也會使神學家思想到聖經正典的形成——這方面是經常為神學家所忽略的。據這進路看來，今天，在聖靈的引導下攜手合作的是羣體，這羣體讓我們得以聽見聖經歷久常新的教導和它持續的權威。

總結

本章的內容在相當程度上和其他篇章重疊了。這樣的重複應該有助讀者領會基督教教義那相互纏結的特性，也有助讀者開始與基督教教義的深奧之處搏鬥。本章涵蓋的題目，是聖靈教義中最重要的一些題目，但可放在這教義之下處理的題目也不止這些。事實上，正如我已經指出的，我們也許正在接近一個新的起點，好重新評價聖靈，以及對聖靈有新的論述，因而對耶穌基督的福音有進一步的理解，並且更忠誠地見證祂。

6 創造

關於創造的教義，是對整個因上帝的行動而產生的宇宙——一切存在之物——的研究。在今天的許多處境裏，一提到「創造」(creation)，最先叫人想起的是進化論(evolution)。事實上，創造與進化的爭論在我們的文化裏已經變得那麼明顯，以致我們難以想到創造是與其他事物有關的。有時候，基督教神學的著作會加強了一個習慣，就是把創造教義與有關進化論的爭論相提並論。它們這樣做，是藉著貶低了創造教義的重要性，或使創造教義屈從於「科學」之下——就好像在今天的文化裏，任何把上帝言說為創造主的談論，都是叫人感到尷尬的一樣。

神學往往把創造教義置於另一項教義的討論之下，又或，相對於其他教義來說，只提供簡短的討論，因而貶低了創造教義的重要性。在這樣的情況下，「創造」也許只不過成為一項有關人類的說明，或只是在有關上帝的教義之下，一個簡略地被討論的項目。也有些神學沒有給讀者一個真正有關創造的教義，而是提供一些「科研的結果」，以之為對宇宙的真實報道。

以上例子都是在與各種科學有關的情況之下，近期神學發展的一些徵狀。二百多年來，神學界有一個趨勢，就是把有關宇宙的談論聽憑科學之擺布。例外的情況是有的，正如我將在下文所要指出的，但主要的神學趨勢是承認（降服於？）西歐社會的科學力量和特權。結果，許多神學都避免提及關於宇宙的信念，而滿足於只就人類的經驗——社會性及個人的——提出一些主張。

在二十世紀末至二十一世紀初，科學與宗教之間的關係重新成為人們的話題。在北美，對話的焦點不只是「科學與宗教」，更集中於基督教神學與科學之間的關係。這類討論是複雜的，而且引起許多問題。就本書的目的而論，我們必須注意一點：過去二百年，基督教的創造教義相對來説停滯不前的這個事實，意味著有關以上關係的討論還未成熟，除非它首先激發神學家對創造教義有更多的思考。

然而，就有關創造的教義而言，基督教神學的景象也不是全然暗淡的。在那些對創造教義討論得較詳細的神學中，我們發現好些議題。儘管有些神學會以不同的方式編排這些議題，並考慮其中的一些而不是全部的項目，但我會帶領你從創造的起源、延續、範圍和目的，來思考創造的教義。不過，我們必須首先考慮聖經的角色。

聖經的角色

關於創造的教義較其他任何教義，更使我們注意幾個議題：聖經的文化特殊性、聖經的文學類型，以及聖經的權威。在這些議題上的立場，對建構創造教義而言是具決定性的。與此同時，這些議題之間的關係是很複雜的，因此你會發現，神學家就這些議題提出了許多不同的立場。

當我們看出聖經的文本是在當代科學興起之前寫成的——它們是在與我們很不一樣的特殊文化下產生的——那麼，聖經的文化特殊性就開始發生作用了。這可會意味著聖經的文本已經過時——它們是那麼受過去的文化所限的——以致對我們今天建構創造的教義全無用處呢？換句話說，我們今天對創造的關注，是不是跟聖經時代脱節，以致聖經對我們已再沒有適切性？抑或，聖經的文本雖然受那產生它們的文化所影響，但在建構創造的教義上，它依然有其價值？創造的教義是否一種經得起時代和文化的衝擊而不會過時的關注，所以聖經今天仍為我們提供指引嗎？事實上，有些神學家更進一步主張：那為創造的教義設定了議程的，是聖經而不是科學。據這些神學家看來，問題不是究竟在科學的時代裏，聖經是不是依然適切；而是到底科學有沒有就聖經所關注的、真正重要的議題作出回應。

那些斷言「聖經文本的文化特殊性使它們今天變得無用」的神學家，也許甚至不會進一步思考有關聖經文本的問題。但對於許多神學家來說，文化特殊性的問題，是與關於聖經論及創造的經文的文學類型（有時候稱為「文體」〔genre〕）的問題，交纏在一起的。任何看過報紙的人都處理過這個問題：我們需要以不同的方式，閱讀不同的文學類型。我們以「不同」的方式來閱讀，這在乎我們所讀的是連環漫畫、社論、新聞報道、影評還是股市動態，諸如此類。就每一段論及創造的聖經文本來説，讀者必須面對這個問題：它是甚麼文體？是科學文獻嗎？是歷史記錄嗎？是禮儀用的文本嗎？是詩體形式的讚歌？是傳説、神話、比喻、律法？這問題的答案，通常對某項特定的創造教義的説明有重要的影響。如果某段經文被斷定是科學文獻，那麼神學家就得以特定的方式，處理經文與科學論述之間的衝突。如果某段論及創造的經文被斷定是禮儀用的文本，那麼神學家要考慮的就是另一系列的衝突。

這裏的問題是複雜的。它們涉及多方面的問題：神學權威的（眾）來源、聖經詮釋的實踐，以及文化在模造我們的思想和生活上的角色。不論明言或不明言，神學家都在他們的著作裏與這些問題搏鬥。再沒有其他議題比關於創造教義的議題更複雜了。到最後，問題是：到底聖經在建構創造的教義上有沒有權威？如有的話，這種權威是如何起作用的？

例如，那些把聖經視為受限於前科學文化（即在現代科學興起之前所存在的文化）的神學家，在建構有關創造的教義上會幾乎不著重聖經。對他們來説，是項教義必須以其他東西——譬如自然科學——為基礎。對別的神學家來説，有關創造的教義是通過聖經與科學之間一種相互修正、彼此啟發的對話來建構起來的。對若干神學家來説，聖經中有關創造的描述，只不過是給我們另一個觀點，這觀點既與科學沒有衝突，也不會修正科學的論述。還有別的神學家，他們認為，聖經給我們一個有關創造的權威性描述，是與當代科學有明顯衝突的。

當然，我對以上各種進路的描述是太籠統的，不能完全公道地對待任何一位神學家。有很多神學家會根據所考慮的聖經文本或科學議題，而採取不同的立場。但是以上這些描述將會給你一個研究有關創造的教義的起點。

創造的起源

今天，當我們想到創造，許多人心目中就想起那使宇宙存在、發生的一個具體行動——創造的行動（the act of creation）。當我們這樣想的時候，我們就是把創造看成是一個已經完成的行動。這想法在基督教教義上，可以「創造的起源」（the origin of creation）來討論。然而即使是在這裏，那討論也往往與我們平常漫不經心的想法和說法有不少細微的差別。從基督教教義的角度看，「創造」不只是關乎一個一次過的、已經完成的行動。即使當我們想到創造的起源時，我們也不會把有關的教義約化為單單這一個議題。正如我們將會在下文所看見的，有關創造的教義，不只是關乎創造的起源。

雖然如此，有關創造的教義確實涉及了創造的「起源」。在大多數人看來，「起源」是與創造的起頭有關的。人們經常用一句拉丁文 *creatio ex nihilo*（「從無造有」）來斷言，宇宙在上帝的活動裏確實有一個絕對的起點。這斷言把創造的教義與當代的科學主張拉上直接的關係。有的時候，科學否認有絕對起點的可能性（例如，主張一個「在無限擴大的宇宙」）；也有的時候，科學支持那可能性（例如，提出大爆炸論）。

撇開科學來說，若干神學家提倡一種宇宙的「起源」，但那並不是一種絕對的起點。我們大部分人都習慣了把聖經開頭的幾個字讀作「起初」（“In the beginning”），因此我們或者會難於理解，「起源」（origin）一字意思可能指「絕對起點」以外的東西。然而，有些神學家主張，聖經頭一句有一個較正確的譯法，就是「當上帝著手創造……之時」（“When God began to create...”）。因此有些神學家力言，聖經所說的起源其實不是指「絕對起點」，而是指一種「基礎」（foundation）的意思。這些神學家可能會說，聖經沒有就宇宙的起源作出猜測，而只是確實肯定了一點：宇宙的存在全賴於上帝；他們沒有問，也沒有回答，這個創造的行動是何時發生和怎樣發生的。

創造的延續

說到創造的教義，雖然許多人主要會聯想到的是創造的起源，不過如果我們對這教義作出較正式的反省，那麼，創造的延續（continuation of creation）也在其中佔了一個角色。如果我們只關心上帝是創造者，祂一次過完成了其創造的行動，那麼我們就是忽略了上帝和宇宙之間那種連續不斷的關係。要是我們過分忽略這關係，我們最終便會以「自然神論」（deism）的看法告終。自然神論代表著一類看法，就是相信上帝在一次過的創造行動以後，祂便和世界再沒有任何關係。據此看法，宇宙和人性有一種固定的道德結構。人類有不朽的靈魂，這靈魂在肉身的死亡後依然存在，但是上帝不再繼續與創造有任何相互溝通。這看法務求使神學從科學的挑戰下脫離出來，並且否認一切有關耶穌基督的傳統基督教主張。

基督教神學一直強烈地拒絕自然神論，以及那些看來是接近自然神論的觀點。與此同時，神學家對如何描述上帝那延續的創造之工，卻沒有一致的看法。他們想要避免只是把上帝等同宇宙（泛神論〔pantheism〕的看法）。那麼，我們如何在兩者之間走鋼線呢？一方面要提防把上帝和宇宙作出過分的分隔（自然神論的錯誤），另一方面要避免過分把上帝與宇宙等同（泛神論的錯誤）？

為了回答這個問題，今天有人提出一種被稱為「萬有在神論」（panentheism）的觀點。這些神學家以不同方式論證：上帝是連續不斷地和宇宙有緊密關係的，但是祂並不等同宇宙。這看法把上帝的生命跟宇宙拉上密切的關係，但卻沒有像泛神論般，把上帝的生命約化為宇宙的生命。有些萬有在神論者把他們的觀點，與關於上帝的特定說明（上帝作為三一創造主）緊扣起來。這看法帶來相當多的討論，也導致相當程度的爭論。

另一個答案所取材於關於三一上帝的教義，是跟萬有在神論明顯不同的。這些三一論式神學家認為，上帝作為創造主，祂的延續之工，在結構上是三一式的。就是說，三一上帝中的每一「位格」，跟宇宙都有一種特殊的關係。故此，譬如說，聖靈和宇宙之間會有一種連續的、親密的關係，而父和宇宙之間就有另一種關係，子亦如是。這樣，既肯定了上帝的「相近」（nearness），也肯定了上帝的「相遠」（distance）。

在此，正如在其他地方，神學家周密的反思，超過了我們平常對上帝和宇宙那漫不經心的想法。圍繞著上帝和宇宙之間那種持續關係的，是許多複雜的議題。神學家為我們提供了各種解決這些議題的方法。雖然我們也許永不會就某個答案達致共識，但我們可以從其中的爭論，學會盡力在「相近」與「相遠」之間保持平衡。

創造的範圍

從某種意義來說，我們已經正在就創造的範圍（scope）作出思考，因我們不但思想到關乎起源的問題，也想到關乎延續性的問題。關於這範圍，我們會以另一個方式來思想，就是對神學家在其關於創造教義所討論的內容，作出反思。在此我所指的，不是創造過程中所涉及的**活動**（activities），而是在關於創造教義的課題下，那些可供研究的**東西**（things）。

我在上文指出，有些神學家傾向把「創造」約化為對人類的研究。這類神學會在有關上帝的教義下，對創造作出簡短的討論（在那裏，它們會把上帝當作創造主來研究），而進一步的討論，就只限於另外論及人類的那一章。

可是，有其他神學家會在關於創造的教義的題目下，進一步就所思考的「東西」作出討論。例如，這些神學家會把非人類的生命狀態，視為上帝的創造。基督教神學有沒有給我們一些基督教所特有的、有關植物和動物的教導呢？有些神學家甚至會把我們的思考，從各種形式的生命，擴大至連創造的其他部分（譬如星體和行星）的價值也包括在內。

除了這些我們認為是大自然的一部分的東西以外，

有些神學家更要求我們考慮到那些如人類文化和看不見的屬靈力量之類的東西。如果文化是我們人類對待創造之物的方式，那麼把它當作是創造教義的一部分來研究，也是合宜的做法。這教義的研究就可以包括文化的社會層面、政治層面、經濟及其他層面。對某些神學家來說，這研究更可以由可見之物推展到不可見之物，就是對以各種形式表現的屬靈力量作出研究。這些可見的和不可見的力量之間的關係，在神學界中是備受爭議的課題，它也不一定在創造的教義中出現。但對於若干神學家來說，這些都是創造的教義一些重要的元素。

創造的目的

當你看到"end of creation"這些字眼時，你大概會把"end"看作是創造的終止、滅沒。如果創造有一個絕對的起點，那麼它也就有一個絕對的終點，此後創造就不復存在。但神學家所用的"end of creation"，那"end"是指「目的」(purpose 或 goal)。要更明白這一點，我們可以想像一下其中一種錘子的生產目的——用來敲打釘子和起釘子。另一種錘子的生產目的，是用來捶打汽車輪胎上擋泥板的凹痕。朝這個方向來思考，神學家就經常考慮到「創造的目的」，又或更好的說法是宇宙受造的目的。

確實，對於部分神學家來說，這問題的答案是有關創造的教義中最重要的部分。他們對上帝在創造的起源與延續上的工作的認信，相當程度上是受著他們對創造的目的的信念所形塑的。尤有進者，這些神學家之中有很多指出，聖經的教導並不聚焦於宇宙的毀滅，而是聚焦於宇宙的得贖，好讓宇宙成為一個「新的創造」(new creation)。

當我們思考到創造的目的，這便促使我們問：「宇宙朝哪個方向走？」而不是問：「宇宙從哪裏開始？」

上帝的護佑

「上帝的護佑(providence)就是上帝對創造的管治」，這經常被視為創造教義的一部分。然而，它也可能被置於上帝教義之下，又或另作處理。而且，在此所給的答案也在相當程度上和別的教義，例如有關拯救的教義，交纏在一起。

當神學家就上帝的護佑作出反思的時候，他們都被引導去思考上帝對宇宙的管治的實在、上帝管治的範圍，以及那管治的性質；這統統都是從它們與惡的存在的關係來看的。這些議題互相緊扣，因此我們會一併考慮它們，而不是嘗試人工化地把它們分開來處理。

也許最好用來預備讀者就這些議題進行神學研究的方法是，認識人們可能會提出問題的範圍。上帝在統治宇宙嗎？如果答案是「否」的話，那麼「上帝」實際上就甚麼意義來說是「上帝」的呢？如果上帝確實在統治宇宙，祂是在統治宇宙的全部嗎？上帝是不是不只掌管著宇宙整體的持續存在及其命運，也掌管著宇宙中所發生的微小事情呢？上帝統管著行星的軌迹嗎？我的人生呢？剛侵入我電腦螢幕的故障呢？我們又應該怎樣理解上帝對一個充滿罪惡的世界的管治呢？對於一個充滿著致命的病毒、種族屠殺、性虐待、謀殺、謊言等的世界，上帝在「統治」它嗎？

神學家循多個不同的方向來回答這些問題。有些神學家主要依賴聖經，並嘗試說明，我們必須如何從聖經教導的角度，來詮釋我們的人生和歷史。而有別的就以我們的經驗為起點，並嘗試去理解，聖經的主張在我們所知道所經驗的罪惡世界裏，如何能是真的。有些神學家在相當程度上借助哲學性的反思，而有別的就集中去思想，上帝在耶穌基督身上成為人、並與人同受苦難的意義。也有的專注於在創造的「終結」時，惡最後被征服的事實。還有許多神學家會同時採用以上多條的進路。

有些神學家嘗試去解釋惡的存在，好使它看來合理。而有些神學家就把這樣的嘗試看成是註定要失敗的——既然惡是宇宙中出了亂子的東西，任何要使它看來為正常的嘗試都必定會失敗。對於這些神學家來說，基督徒能夠說明，我們在一個充滿惡的世界裏承認相信上帝，這並非是愚蠢的或非理性的舉動。但我們不能解釋，為何惡存在，好把握它的意義；因為根據定義，惡就是毫無意義的。

關於惡，還有一個需要在創造教義之下考慮的議題，就是惡的源頭。我們經常在不知不覺中把惡看成是一件「物件」(thing)，即某種存在的東西。可是，如果惡是一件「物件」，它是從哪裏來的？是上帝創造它嗎？如果是上帝創造它，那麼我們怎能說上帝是全然良善，不做惡事的呢？如果上帝並沒有創造惡，是不是宇宙中有另一個存有，有能力創造它？如果真是如此，上帝就不是惟一的創造者了。以上各種困難使基督教神學家認識到一點：惡不是一件物件。那就是說，它本身並不獨立存在。惡的存在，是因上帝所造的好東西出現了扭曲或虧損，而惡就是這樣的一種扭曲或虧損。不同的神學家以不同的方式提出了這個信念，卻不是所有人都接受這信念。以下的理解過去一直是，且現在仍是對惡的來源的主流理解：宇宙中的一切都是上帝所造的，在被造之時都是好的，本來就是美善的；惡是上帝所造的善的扭曲。這個信念不單是上述那類思考的結果，它也是基督教所深信「宇宙是可被救贖的」這個看法的基礎或結果。

總結

在某套特定的神學裏，創造教義可能會、也可能不會得到充分的處理。有時候，是項教義的各個元素會零散地分佈於一部神學著作中。像我們的科學時代裏，有關創造的教義是極其重要的。與此同時，要建構一套創造教義是很難的，因為對它作重要反思的神學家是那麼少，而科學的優勢又把對創造的神學反思抑壓下去了。

7 人類

有甚麼比我們自己更為我們所熟悉的呢？可是，我們真的認識自己嗎？當我們來到研究有關人類的教義的時候，我們就是要從神學的角度來思考自己。在某些神學裏，這項教義被稱為對人或對人類的研究。過去，人們用「人」(man)和「人類」(mankind)來概括全人類，包括男女在內。然而今天，有很多人認為，這種語言是被理解為專門地、只指涉男性。有人還主張，即使在過去，這種語言也傾向於把主要的側重點放在男性身上。我們稍後會看這個議題；此刻我只想指出，我之所以用「人類」(humankind)來作為本章的題目，就是因為我注意到對語言和教義這方面的關注。

有關人類的教義可稱為"anthropology"(「人論」；源自希臘文 *anthropos*)。這會是叫人感到混亂的，因為今天我們有一門社會科學，也稱為"anthropology"(「人類學」)。所以，基督教有關人類的教義有時候也稱為「神學人性論」(theological anthropology)。是項教義使神學與其他學科如人類學、心理學、歷史、生物學和哲學建立起關連來。這些學科都各以不同的方式來研究人類；同樣，有關人類的教義也使我們與自身的經驗產生緊密的接觸。

基於上述原因，有關以甚麼來作為神學的來源和權威的決定，此刻就顯得尤其清晰了。有些神學家在建構有關人類的教義上，完全或差不多完全倚賴聖經和基督教傳統。如果他們提到我們的經驗或其他學科，他們是為了按照這些經驗和學科與基督教教義的關係，來判斷它們是否適當。有別的神學家則會把聖經、傳統、經驗和其他來源交織在一起。其中有些主張，既然上帝是創造主，那麼我們今天就可以從研究創造而得知一些（也許許多）關於人類的事情。這些神學家認為，我們可以建構一套「自然神學」（natural theology）——藉研究大自然的規律而建立起來的神學——但他們卻典型地把這套自然神學從屬於聖經神學之下。他們又主張，雖然我們可以從大自然得知一些事情，但是基督教的核心真理，包括上帝的救贖之工，卻是只可以從聖經中上帝的啟示而得知的。還有一些神學家把最主要的權威賦予我們的經驗和其他學科。他們只會在與當代來源一致的前提下，才承認聖經的教導和傳統。對他們來說，聖經並非上帝的啟示，而只是人類反思的記錄，是真理和謬誤的混合體。

神學家在此所作的決定，是難於確認和描述的。你需要知道兩件事。第一，神學家在建構有關人類的教義的時候，他們確實作出一些有關來源和權威的重要決定。這些決定在基督教教義的每一處都會作出的，不過，在有關人類的教義上，這些決定尤其明顯而已，因為這教義是關乎我們的經驗，又因為很多其他的學科也就人類提出一些主張。第二，採用某東西作為來源，並不等於賦予它權威。有時候神學家取材於人的經驗或某些學術性的學科來說明，當我們以聖經及基督教傳統來評斷我們的信念時，我們可以犯上何等的錯誤。又有的時候，他們會引用聖經來說明，我們的經驗或某個學科，可如何修正那些早期的、「受文化拘限的」信念。使事情更複雜的是，有時候，某神學家會嘗試修正一種早期對聖經的錯誤詮釋，好建立起一種「更好的」詮釋。這神學家是在抨擊對聖經的錯誤詮釋，而不是聖經的權威。事實上，正因為她相信聖經的權威，她才會特別關注要辨別出錯誤的詮釋。

當神學家倚賴聖經和基督教傳統以外的來源時，情形就變得更加複雜了。當他們倚賴人的經驗，以之作為神學的一種來源時，他們得應付種種對經驗的詮釋。「經驗」從來都不只是經驗，而總是經過詮釋的經驗。而各個對經驗的詮釋，彼此之間總有差異。同樣，當神學家倚賴其他學科時，他們得考慮各個學科內部的差異。人類學家、心理學家、歷史學家、生物學家和哲學家，在各自的圈子裏，對許多的議題都存有分歧。

在我們考慮特定的課題之前，我必須特別提到一個滲透於任何一種關於人類的教義的普遍主題。神學家在建構一套神學人性論之時，他們必須作出的一個決定是，就「被創造的人類」、「墮落了的人類」、「被救贖的人類」，以及「在死後享榮耀的人類」，他們給予多少的比重。這些決定會在乎一個神學家所作的判斷：我們對於以上的每一項所能知道的有多少？哪一項是最重要的？

在本章裏，我會介紹你認識神學人性論所處理的、最重要的議題。神學家之間的差異，有若干是根本上的差異，由此產生很不一樣的、不能相合的教義；而有的差異則較多是結構和側重點上的差異，雖然所建構的教義或會有所不同，但有關的解釋是彼此相容的。那麼，當我們探討基督教有關人類的教義之時，我們要記住，人類知識（包括我們對自己的知識）的限制。而且我們要嘗試從上帝對我們的認識，來認識我們自己。

三個議題

在我們考慮基督教有關人類的教義的一些特定主題之前，我們會檢視三個基本的議題。不是每一個神學家都會加以處理這幾個議題，但它們確實影響了各種不同的神學人性論的表述。在建構他們有關人類的教義之時，所有神學家都就這些議題作出了明確或不明確的判斷。

人性

我們大部分人都習慣了思考關於人性的事。事實上，你或許認為，「人性」（human nature）是對本章主題的一種貼切描述。再說，不少基督教傳統都是用「人性」一詞來概括有關人類的教義的。不過到了今天，並不是每個人都認為，「人性」是個恰當的詞語。

用這個術語來建構基督教教義的神學家教導說，每個人都有一種「本性」（nature），這本性把他識別為一個人，也是把我們所有人聯合起來的。這些神學家也許會根據聖經建構他們對人性的看法，但他們卻會主張，無論在何時何地，人人都有同一的本性。不論你的職業是甚麼，你的社會位置如何，你是哪個種族或性別，你都有同一個本性。這本性界定了你是一個人。它不會隨著時空改變；它是我們作為人類的本質（essence）。

今天，若干神學家與若干人類學家、社會學家等，異口同聲地質疑這種對人性的看法。我們真的可以說，在紐約工作的一個證券經紀，和在肯亞（Kenya）生活的一個牧人，是有著一種相同的、使他們作為人的本性嗎？我們的人性所接受的文化熏陶，豈不是顯著到一個地步，我們得承認，根本沒有一種使我們之所以成為一個人的本質嗎？這些神學家特別關注一點：我們關於人性的觀念，幾乎完全是受西歐國家的歷史所形塑的。假如給予機會，一個居住於非洲的村民所提供關於人類的敍述，豈不是會與西方關於人性的敍述不一樣嗎？事實上，我們經常在其他文化中所找到的，並不是一個有關全人類的說明，而是一個有關他們自身所屬的羣體或「部落」的說明（「部落」一詞本身就是西方用語，不存在於我們稱為「部落」的社會裏）。

面對著這一實在和它的挑戰，若干神學家正在重新思想基督教有關人類的教義。有的神學家從聖經的教導找到對此挑戰的回應，就是宣稱人類的統一性：所有人都是上帝所創造的，都是與上帝分隔的罪人，以及所有人都是上帝在耶穌基督裏被愛的。他們根據這個基礎，繼續主張一種關於人性的教義。有別的神學家則認為，「人性」一詞以及有關人性的想法是有問題的，他們尋求以別的方式，來對人類作出說明。

關係

有些神學家以強調我們所活在其中的種種關係，來建構一套有關人類的教義。這些神學家之中，有些更會就人性作出說明，又或主張關係是人之所以為人的本質。對這些神學家來說，使我們成為人的不只是關係本身，也在於這些關係的本性。

這些神學家會確認出好些不同的關係。最基本的是我們與上帝的關係。當然，所有創造都和上帝有關係。我們與上帝之間的關係，有一種特殊的形態，使我們成為人，而不是一條狗或一塊石頭。同樣，我們與其他創造之間也有一種關係，這關係的特殊形態使我們成為人。我們和其他人之間也有一種特殊的關係，是其他創造所沒有的。最後，這些神學家之中，有些也會提到我們與自己的關係；他們主張，人類有一種自我意識，這是別的受造物所沒有的。

這個關係性（relationality），是許多當代神學的一個重要元素。有時候，它是以對人性的描述來呈現；有時候，它是對人性的說明的補充；有時候，它則是另一個選擇。無論哪一種情況，「把人類看作是關係性的」的說法，都傾向於遠離那種靜態的、不受時間影響的人論；後者是我們在強調人性的神學人性論中所典型地看見的。

人類與文化

有些神學家為進一步遠離上述那種把人類看成是擁有一種不受時間影響的人性的說法，他們把人類置於特殊的文化之內。這些說明往往是上文所提過的那些神學家（批評那些關於人性的敍述）其具建設性的教義。

那些從人類與文化的關係來建構他們有關人類的教義的神學家，想要把他們的教義歷史化。就是説，他們總是想要根據人與特殊時間和地點的關係，來建構他們的教義。對他們來説，沒有一種遍及所有時間和地點的人類本質。反倒是，每個時間和地點都產生出其本身關於人類的教義。在歐洲的封建社會裏作為一個人的意思，跟在二十一世紀北美的資本主義社會裏的意思是不同的。這些神學家強調，意思是由文化所建構的。我們所謂的「人類」，其意思是因文化而異的。

有些神學家或會接受這種主張，以之為對文化的運作方式的一種觀察，但隨後他們又會從聖經教導和基督教傳統的角度，來批評那些具文化性的理解。例如，他們會同意，資本主義創建了某種關於何謂人的理解，但之後他們會從聖經教導的角度來宣稱，這種理解是錯的。有別的神學家把具文化性的理解視為那給基督教教義所設定的界限；在此，教義經過調整，好切合某個時間地點。聖經並不是行使主要的權威，因為它反映了在另一個時間地點所建構出來的文化產物。

上帝的形象

在聖經及基督教傳統裏，其中一個用來談論關於人類教義的主要範疇是「上帝的形象」（the image of God），在拉丁語是 *imago Dei*。儘管此語在聖經中只出現過幾次，但它卻在關於上帝創造人類的記錄中被使用（創一 26 ～ 27），這使得它成為一個基本用語。那些使用此語的神學家是按著他們對人類的其他判斷，來發展此語的意義的。有時候，他們把上帝的形象看為是指人性。根據傳統，神學家把上帝的形象界定為一系列的人類特徵：我們要管理萬物；我們是有位格的；我們有理性；我們有自我意識；諸如此類。在別的時候，他們把上帝的形象看為是指我們的關係性；之後他們會提出我在上文所指出的各種人論。也有的神學家在他們的神學人性論中甚少或完全不採用上帝的形象。對他們來說，聖經就「上帝的形象」的意思所給我們的指引不多，而這短語在我們本身的文化裏也沒有重要性。

性別

今天，其中一個爭論最激烈的範圍是基督教關乎性別的教義。這爭論是與那些關於人性的、關係的問題，以及關於人性的文化性說明糾纏在一起的。這些問題都聚焦在一個議題上，就是男性和女性之間的關係。我會簡略地介紹爭論的內容，然後詳述各方的論證。有關聖經對兩性關係的教導，其爭論涉及三個議題：一般來說，男性與女性之間的關係該如何；丈夫與妻子之間的關係該如何；以及按立女性牧師的問題。

第一個議題涉及男性與女性那根據基督教教義而有的社會地位。在一個同工而不同酬，女性比男性獲得較低薪的世界裏；在一個女性有較大可能成為受虐待的對象的世界裏；在一個女性比男性得到較少的法律和社會保障的世界裏，我們該說甚麼？該做甚麼？聖經對這類情況和結構是否表示寬容呢？聖經是否教導女性應從屬於男性之下，但同時又呼籲我們要實行公義呢？聖經有沒有要求解放女性，以及爭取男女平等呢？

為回應以上問題，有些神學家聲稱，聖經確實教導女性要從屬於男性。我們在世界中所見的不公義和壓制是罪的結果。基督徒應該採取行動去克服由罪而來的壓制和不公；但是，即使到了我們把罪的影響逆轉過來的時候，但女性還是將從屬於男性。有別的神學家主張，聖經所描述的是一個父權社會，女性是會從屬於男性之下的；然而在這樣的記載裏，聖經也要求我們多走一步。對這些神學家來說，女性從屬於男性，這本身就是罪的產物。當基督徒採取行動去克服罪的時候，我們也應該致力消除這種從屬的關係，並建設一個在基督裏男女平等的社會。還有別的神學家，把聖經視為在本質上是以父權為主和帶有性別歧視的。對他們來說，若要確立公義，人人平等，那麼我們就必須克服聖經本身，而不是它所描述的社會。這些神學家之中有些會主張，聖經呼籲基督徒去從事解放和建立公義的工作。他們認為聖經為我們的工作給予了一些普遍的方向，但如果我們要忠於它對公義和解放那主要關注的話，我們就要把聖經所反映的文化，以及它對於兩性的某些教導擱置一旁。

有關夫妻關係的議題，反映了我們剛才所看過的許多爭論和立場。我要指出在某些神學家中可能會出現的困難。好些保守的神學家主張，聖經要求解放社會上的女性（和男性），並給予她們／他們公平的對待，但它同時又教導，妻子要從屬於丈夫。他們力言，丈夫應該愛妻子，並公平地對待她們，但他們也堅持，丈夫是（以愛心）管轄家庭的那一位。就如之前的議題一樣，有別的神學家截然不同地提出，聖經裏的教導是顛覆了丈夫的「管轄」，因而產生出基督化的婚姻，在其中夫妻是平等的，又或，正如某些人想要說的，在這婚姻中夫妻是彼此順服的。還有別的人雖提倡平等主義的婚姻，但卻認為要把這樣的婚姻建基於聖經的教導是不可能的。

關於按立女性的議題涉及多個層面。在某些教會裏，按立女性的意思就是認可女性去主持聖餐禮和洗禮，或監督聖餐禮和洗禮的進行。在別的教會裏，按立即認可女性去講道或治理教會。關於贊成和反對按立女性的論據，其表達形式往往在乎按立於某個場景中的意思。再一次，有關論據經常視乎我們如何詮釋聖經，和如何理解聖經的權威。有些神學家主張，聖經是具權威的，並禁止在任何時間和地點按立女性。有些則主張，聖經是具權威的，它禁止在某些情況下按立女性，但在其他情況下，它容許甚至鼓勵按立女性的做法。還有一些神學家主張，聖經禁止按立女性，但這個做法只反映了聖經所處的文化的偏見，我們今天應該將這偏見擱置一旁。

「按立」只是關於這爭論的慣常表述方式，有些神學家主張，這議題其實是有關女性在教會中的職事的問題。哪些方面的職事是容許女性參與的？她們被召去服侍的對象是誰？有些教會堅定地贊同按立女性，但只給她們極少的事奉機會，教會實際上不讓她們講道，又不讓她們擔任資深牧師一職。有些教會按立女性，但把她們的職事只限於以婦女和兒童為對象。這些神學家或會指出一點，沒有按立女性的教會，反倒把女性差派到海外作單身宣教士，把傳福音給從未聽過福音之人的責任付託給她們。

以上討論僅僅觸及有關兩性關係的神學討論的表面。至於和我們的性取向(異性戀、同性戀、雙性戀等)有關的範圍，則還沒有觸及。基督教神學一個明顯的弱點是，它比較忽略有關創造的教義，而在這項教義之下，它又比較忽略了有關人類的體現和性別的議題。在這一點上，你在神學著作裏只會找著很少有關這些議題的討論。例外是有的，神學家正開始對這些問題給予相當程度的注意。

總結

在論及創造的一章裏，我們討論過有關人類的教義的兩個議題。在許多人所認定的環境危機裏，人類與其他受造物的關係正逐漸獲得人特別的注意。而在一個盛行進化論的文化裏，基督教有關人類的教義正面臨特別的挑戰。

最後，若我們不在相當程度上提到基督論，基督教有關人類的教義就不完整。如果(就如基督教教義所教導的)耶穌基督是完全的人，那麼他就是最充分啟示出作為一個人的意思。祂的公義，祂與上帝不間斷的團契，以及祂那充滿著犧牲的愛的人生，在在都展示了作為一個完全的人的意思。從這個角度看，我們還不是完全的人。然而，靠著上帝的恩典，我們可藉信心與基督聯合，以致——靠著這相同的恩典——我們有一天會成為完全的人。

8 罪

罪，似乎是基督教神學之中，其意義頗為明顯的概念之一。不是人人都犯罪嗎？不是人人都因此而對罪有所認識嗎？是的，人人都犯罪，人人都對罪有某種認識。但正如我們將會看見的，我們如何把有關罪的教義與聖經、與我們的經驗，以及與基督徒羣體聯繫起來，這會深深地影響著我們對罪的理解。這不是說，神學製造出我們所會遇見的種種複雜性；而是，好的神學會暴露出那些已存在我們的罪之中的複雜性。這樣一來，神學使得我們在對罪的理解，以及在對上帝那救我們脱離罪的工作的理解上，更加成熟。

就如許多別的教義的情況，有關罪的教義是和其他教義糾纏在一起的。我們如何看罪，會影響了我們有關拯救的教義；反過來説，也是一樣。同樣，既然基督的到來是為救我們脱離罪，那麼，我們如何看罪，也會影響了我們對基督的工作的看法；而我們對基督的工作的看法，又會轉而影響我們有關罪的教義。明顯，有關罪的教義和有關人類的教義，是深深地糾纏在一起的，因此，有關罪的教義往往被置於論及人或論及創造的那一章下而被處理，不過，它也可以被分出來作獨立的討論。在我介紹有關罪的教義的同時，讀者應該記得它和其他教義的關係。

罪與經驗

既然罪是人類經驗中一個重要的部分，那麼，我們如何理解經驗在基督教教義上的角色，就顯得尤其重要了。假如某神學家把經驗視為比聖經更具權威的話，他就會產生某種有關罪的教義；反過來說，假如人把聖經視為比我們的經驗更具權威的話，我們就可以期待，將會產生一種不同的、有關罪的教義。

故此，若干神學家抱著一種看法：聖經和基督教傳統給予我們那種關於罪的一般概念，即罪是壓制我們、妨礙我們達到完全的人性的；他們把聖經所確認的某些罪，看成是簡單地表達了聖經作者覺得那是壓制我們和阻礙我們的東西。今天，我們所經驗的罪，也許跟聖經時代的人不一樣。例如，聖經作者把婚姻以外的性行為界定為「罪」；可是，今天有些人主張，禁止婚外性行為是壓制人和窒礙人性的。與聖經的文化相反，有些神學家主張，在某些情況下，婚外性行為不是罪，反倒是人性的體現，因我們是有性慾的受造物。

有別的神學家則認為，聖經比我們的經驗更具權威。據他們看，我們必須從聖經的角度來詮釋我們的經驗。故此，儘管有人或會把婚外性行為的經驗解釋為解放，但聖經的教導卻要求我們重新對我們的經驗加以詮釋。在這些神學家之中，有些會說，基督徒生活是延續的訓練，我們從中學會識別在我們裏面及在世界裏的罪，好叫我們能靠著上帝的恩典克服它。

罪性和罪行

有些神學家清楚明確地區分「罪性」(Sin；首字母大寫及單數詞)和「罪行」(sins；首字母非大寫、經常是複數)；有些則不明確地作出這種區分；其他則不承認這種區分。那些明確或不明確地區分兩者的神學家，會用「罪性」來指一股力量，又用「罪行」來指該力量在某些態度和行為上的特殊表現。

有些神學家從新約那論及「黑暗國度」與「撒但國度」的語言中，看見關於罪的概念：罪是一股力量。這概念也會在論及罪惡的語言，或在保羅確定「我們是罪的奴隸」的陳詞中表達出來。罪行是罪性的某些特殊表現，這個看法可以從某些經文看出來；這些經文指出如說謊或殺人等具體行為，又或把某些如嫉妒和貪婪等態度定罪。當然，這種區分「行為」和「態度」的語言本身是有限制的，因為這一切都是行為和態度。我們如何辨認出這些罪行(以及到底我們是否應該辨認它們)，也會是基督教教義一個受關注的課題。

結構性的罪和個人的罪

在區分罪性和罪行的語境下，若干神學家也會處理罪的本性的問題。罪是社會性的還是個人性的？罪主要是被置於這世界的不公義、壓制人和墮落的結構中，如經濟、政治和道德的結構；還是主要被置於人

(persons)或個別的人(individuals)身上呢?我們如何回答這些問題,會影響到我們對拯救及對教會的工作的想法。教會的使命主要是要改變不公義的結構,還是要改變個人的心呢?有些神學家把他們最主要的強調,放在這兩者中的其一,而有些神學家則力求兩者兼顧。

大概一個公道的說法是,在我們的文化裏,基督徒傾向認為,罪主要是個人的,是關乎人「心」的事情。即使明顯如說謊和謀殺等罪行,也都是更深層的、「內心」狀況的徵兆。然而,基督教教義也有一個重要的傳統,就是把罪理解為社會性和結構性的。這傳統呼籲我們承認,貧窮、欺壓和不公義是罪的重要來源。近年,解放神學(liberation theology)提出了有力的理據,以支持重新肯定把罪看成是結構性的;因為解放神學家提到,舊約先知要求人們施行公義一事,而這個要求在新約中由耶穌的職事來延續。

罪與關係

其中一種建構有關罪的教義的主要方式是,把罪視為一種關係性的概念。在這個進路中,我們或會從罪與上帝的律法之間的關係來看罪(或罪行)。在此,罪被定義為觸犯上帝的律法。從人與上帝的關係來看,我們可以把罪(或罪行)看成是對上帝的不順服。又或,我們也可以把罪(罪行)看作是關係(我們為之而受造)的破壞,例如我們彼此間的關係,我們與其他受造物的關係,以及我們與自己的關係。神學家可能會建構起不同的教義,這在乎他們從關係角度來看罪的著重點和寬度。如果某神學家把我們與受造世界的關係也包括在有關罪的教義之內，結果就可能產生出一番關於環境保護的神學討論。在此，把罪（或罪行）想成是有縱橫兩個向度，或會對我們有所助益。這些向度如何聯絡起來，就給有關罪（或罪行）的教義一個輪廓。

原罪

在基督教神學歷史上，其中一場最重要的討論，是關於原罪的教義（doctrine of original sin）。在這裏，「原罪」（original sin）指涉的是關於亞當和夏娃背叛上帝的故事。他們的罪對人類有多大影響？我們生下來就是「罪人」嗎？如果是的話，我們是否生下來就是有罪的呢？如果這些問題的答案都是「是」的話，這罪和罪責（guilt）是如何傳給我們的，而上帝的解決方法又是甚麼？

神學家回答這些問題的方法，部分是在於他們對聖經的權威及對基督教教義的歷史所採取的立場。在五世紀，奧古斯丁（Augustine）和伯拉糾（Pelagius）這兩位神學家便就這些問題進行辯論。教會經過考慮之後，便站在奧古斯丁那邊，而把伯拉糾定罪。伯拉糾既被定罪，他的著作所能存留的也就不多。但我們可以清楚看見的一點是，他否認亞當犯罪的影響傳給了所有的人類。故此，伯拉糾和他的追隨者主張，我們生下來是沒有罪和罪責的。

教會在這場辯論中站在奧古斯丁的那一方，因教會認為聖經是站在奧古斯丁那一方的，又因為伯拉糾的立場似乎在否認，基督為赦免人的罪而死是必須的。這裏，我們看見有關罪的教義與其他教義交纏在一起。對於許多奧古斯丁的追隨者而言，奧古斯丁的論據為他有關預定的教義提供了支持；我會在論及拯救的那一章裏更詳細地解釋關於預定的教義。在此，我只想簡要地指出不同教義之間的關係。

據奧古斯丁的看法，如果我們都是生在罪和罪責之中，那麼我們就不能為我們的得救作出任何貢獻。因此上帝必然預先設定了誰會得救。奧古斯丁有關罪和拯救的教義也形塑了他對嬰兒洗禮的理解。在他看來，洗禮是洗去我們的原罪和罪責。因為嬰兒雖然不能犯罪，但還是因承受了亞當的罪和罪責而被定罪，所以，使他們得救的惟一方法，就是藉著洗禮的水，洗去他們所遺傳得來的罪和罪責。

重要的是，要留意一點：有些神學家相信原罪和罪責，卻不接受奧古斯丁有關預定的教義和他對洗禮的看法。亞當和夏娃的原罪和我們自身狀況之間的關係，是個難解的問題。到最後，無論如何，基督教教義給我們的教導是：我們全都是罪人，不管罪的來源是甚麼。故此我們全都需要一位救主；我們是不能自救的。

罪是驕傲與自憐

在基督教教義的歷史上，罪被主要説成是我們驕傲（拉丁文為 *hubris*）的表現。罪是我們企圖成為我們自己的神。在伊甸園裏，蛇對女人説：「你們會像上帝一樣。」（創三 5）對驕傲的聚焦，仍是基督教教義對罪的重要詮釋。不過，有些神學家就在此之外加上另一種對罪的詮釋，就是把罪解釋為「自憐」（misery）。如果説驕傲是把自己看得太高，自憐就是把自己看得太低。

這種有關罪的觀點，可見於好些神學家。在眾神學家中，女性主義神學家近年在建構有關罪的觀點上，更是特別具影響力。如果我們把這兩種詮釋結合起來看，我們可以看見，就我們與上帝和與世界的關係而言，罪就是（至少部分地）對我們作為人類的位置有一種錯誤的觀念。

罪與惡的問題

基督教信仰所遭受的其中一個最重大的挑戰是，關於惡在世間存在的問題。這個問題自基督教開始以來就有了，雖然人們也以許多不同的方式來處理它。基督徒拒絕以兩個從邏輯上說是簡單的答案，來回應惡的存在問題：（1）世界根本上從一開始就是惡的，而且將永遠是這樣的；（2）惡其實並不存在，我們所稱為惡的東西，最後會顯明是好的，或顯明是一個幻象。

第一個答案沒有告訴我們，我們是從哪裏得到這個觀念：這世界是出了問題的。換句話說，它沒有回答關於善的問題。假如這世界從一開始就是惡的，那麼，我們對善的觀念，以及我們對善的渴慕，究竟是從哪裏來的？第二個答案不能使我們折服，因它否認了我們所有人都認識那惡的實在。基督教教義的立場跟這兩種看法成為對比，它斷言世界於受造時是善的，並且有一天，它將會再次成為善的；它也斷言惡是真實存在的，而上帝是以公正的手法來處理惡的問題。

至此，我們還沒有解決關於惡的存在這個問題。對這問題的神學回應，經常被稱為「神義論」（theodicy）；此語出自希臘語的「上帝」（*Theos*）和「公義」或「稱義」

(*dikaios*)。神義論是一個嘗試，要在邪惡橫行的世界中，證明上帝是善的。

有少數神學家對「惡的問題」的回應是，斷言上帝雖是良善的，卻不是全能的。目前，上帝和我們一樣，正在與惡爭鬥。對這些神學家來說，我們作為基督徒所相信的是，有一天，上帝最終會勝過惡，但此時此刻，在上帝與惡的爭戰之中，上帝贏了一些仗，卻輸掉了其他。然而大多數神學家都不接受隨著這看法而來的、對上帝主權的否定。

有些神學家嘗試解釋惡——為甚麼惡會存在，以及上帝容許惡存在的目的為何。這些神學家往往借用一位名為愛任紐(Irenaeus；約 130～200 年)的神學前輩的看法，為「上帝如何利用惡」給予各種說明。其中一個最常見的解釋是，上帝利用惡來塑造我們的品格，以及使我們更完整地成為一個人。

有別的神學家並不嘗試去解釋上帝如何利用惡，反倒只是嘗試使這一點顯得合理：在一個充滿惡的世界中，我們相信上帝是良善而全能的。當代基督教哲學家普蘭丁格(Alvin Plantinga)建構了一套複雜的哲學理論，以解釋基督教信仰對「自由意志」的辯護。普蘭丁格的解釋簡單地說(簡單得幾乎歪曲了它)就是，他主張，上帝所能夠創造的、盡可能最美好的世界，是受造物在其中會自由地愛祂。若要這些受造物(在我們的世界裏就是人類)自由地愛上帝，他們必須也有不愛上帝的自由。因此，從一開始，惡就是在這世界中的一種可能性，而這可能性又因人類的抉擇而得到實現。普蘭丁格的論據廣泛為人所接納；很多人認為它在邏輯上說是頗具說服力的，但有的就認為，雖然它在哲學上是具說服力的，但在神學上卻是「薄弱」的。

有些神學家對惡的問題的回應，不是為惡的目的或它的邏輯作一番解釋，而是為「基督教如何回應惡在世間存在這個事實」作出解釋。那就是說，既然惡已存在，那我們可拿它怎麼辦？既然我們渴慕良善，我們可如何成為善的人，並如何使我們的世界成為善？對這些神學家而言，基督教教義為惡的存在提供了一個「實用的」回應。他們確實認為，基督教為這充滿惡的世界提供了惟一的盼望。他們從耶穌基督的十字架，找到了基督教對惡的問題，所給予的實用的回應。在十字架上，上帝把世界的惡承擔在自己身上。藉著十字架，以及藉著我們對基督十架的認同，我們被改變過來，我們生命中惡的根源被剔除了。又，藉著基督的十字架，有一天，整個創造將要被煉淨，再沒有惡在其中。就目前來說，我們要做的是與上帝的靈合作，在我們的生命中，以及在我們周圍的世界中把惡除掉；而使我們有能力做到這一點的，就是來自耶穌基督的好消息。

總結

基督教教義以各種方式與罪的源頭、罪的本性和罪所覆蓋的範圍搏鬥。在我們的學習過程中，我們應謹記三項真理。對基督徒來說，罪不是這世界的一件自然的事——它是一種對這世界的侵擾——上帝已經開始著手消除它，而有一天，祂會完全將之消除。就目前而言，耶穌基督的福音給了我們一個說明，讓我們曉得上帝對罪的回應，以及我們對罪的存在和除罪的責任。最後，有關罪的教義與其他教義是一致的，它引領我們認識這個奇妙的消息：上帝愛我們以至愛整個創造，即使我們陷在罪中，祂還是愛我們，甚至賜下祂的兒子，不是「要定世人的罪，乃是要叫世人因他得救」（約三 17）。

拯救

有關拯救的教義在基督徒中間引起相當大的興趣，因這項教義與我們的經驗最為密切。事實上，它與我們的經驗關係密切到一個地步，很多基督徒都有他自己的一套有關拯救的教義，藉以理解其得救的經驗。為這緣故，要研究是項教義，對我們來說會是十分困難的。那就是說，如果我已經有了一套用以理解自身經驗的拯救教義，那麼，任何對**我的**教義作出挑戰的，都好像是對我的經驗，甚至是對我的得救作出挑戰。

這項教義之所以難於研究的原因是，它在各種基督教傳統中有明顯的不同。換句話說，它有時候成為隸屬這個或那個基督教傳統的指標。舉個例子，就三一教義來說，浸信會（Baptists）、信義宗（Lutherans）、循道宗（Methodists）、長老宗（Presbyterians）、天主教（Catholics）等傳統，雖然在細節上有若干的分歧，但是它們彼此間還是有普遍的一致性。但說到有關拯救的教義，除了相信惟有上帝能拯救我們，而且相信上帝是藉著耶穌基督拯救我們之外，我們要在這些宗派之間尋找一致的信念就會有困難了。當然，除了上述的基督教傳統外，其他基督教傳統對拯救的教義也是抱著不同的看法。

儘管在研究拯救的教義之時我們必會面對上述棘手的困難，但我們卻不可任由它們阻止我們對拯救的教義的研究。事實上，我們應該以積極的方式來理解這個形勢：基督教的拯救的教義是那麼深奧的，其意義是那麼豐富的，以致沒有一個解釋足以完全説明它的意思。雖然你或許會認為這個或那個傳統最能為這項教義提供令人滿意、詳細的解釋，但我盼望，你也會發現到，其他傳統亦能補充並豐富你那拯救的教義。

為準備你去研究有關拯救的教義，我將會在此介紹你認識關於拯救的範圍、意義、次序和途徑。不是所有神學都會觸及這些範疇，但它們的確讓我們得以涵蓋，在任何一種基督教的拯救教義中，那些以各種方式所涵蓋的研究範圍。

拯救的範圍

「拯救的範圍」此一片語暗示了，我可能在此談到關於有多少人會獲得拯救的問題。是否人人都可得救？得救的只是少數嗎？有許多人得救，卻不是全部都得救嗎？這些都是重要的問題，不過我會把它們暫時擱置，留在最後一章才討論它們。這裏，我關注「拯救的範圍」的另一個意思：拯救是個人的，還是集體的，還是宇宙性的？（這樣的討論與第四章有關基督的工作，以及第七章有關罪的教義，有密切的關係，甚至有若干重疊。)

我們在北美的基督徒,有很多人因為所身處的文化和教會所提出的教導,都習慣了從個人主義(individualistic)的觀點來看拯救。這種思考拯救的方法,同時出現在我們對其他教義的看法中。耶穌是**我的**救主;他為**我**死在十字架上。**我**的罪使我和上帝隔離;**我**需要被赦免。**我**必須相信基督;**我**必須作出決定。那些強調這種拯救教義的神學聲稱,有好些聖經經文可以作為依據,而且它們也許會從差不多每一個基督教傳統的若干部分中,汲取一些支持它們的理據。這就是說,大部分基督教傳統在其歷史中總有些位置,是被個人主義式的拯救教義佔據著的,即使那並不是主流的。

事實上,我們會是那麼習慣以這種方法來思考拯救,以致要提出或考慮其他的想法,似乎是明顯錯誤的。在我們的語言中,有不少是從個人主義的角度去描述拯救的。很多教會教我們要把耶穌說成是「我的」救主。北美教會所唱的許多詩歌,更反映和加強了這種個人主義。儘管我們是整體會眾一同唱,但我們所唱的卻是「我」和「我的」。而那些強調個人得救的人,也能夠從聖經和歷史中找到相當程度的支持理據。

可是,有些神學家激發我們以別的方式來思想拯救。這些神學家會激發我們以別的想法來補充我們這個人主義式的想法;有些會激發我們把個人主義從屬於別種想法之下;還有些會激發我們以另一種關於拯救的概念,來代替我們的個人主義。

在其他思考拯救的方法中,其中一個是集體的(corporate)想法。那些建構這種「集體拯救」的概念的神學，鼓勵我們去思想，上帝在施行拯救之時，祂是在招聚一羣子民。至於聖經的支持理據，這些神學使我們注意到舊約：在舊約裏上帝呼召一個民族——以色列——成為祂的子民。他們又提出，新約聖經描述了，上帝是呼召一羣新的子民——由地上萬族所組合而成的教會——並使他們結集在一起。上帝呼召一羣子民的這個舉動，構成了聖經中的拯救。除了呼召子民的這個論證以外，這些神學家還指出許多聖經經文，來進一步論證集體拯救；這些經文都以集體的措詞來描述基督的死和罪（羅五 8～11；林後五 18～19；弗一 3～14；彼前一 3～9）。這些經文之中，有很多是說到「我們」而不是「我」，而新約中的"you"，在希臘文（新約聖經寫成時所用的語文）常常是眾數的，雖然我們無法從英語分別單數的和眾數的"you"。（有些讀者或會想到美國南部所用的"y'all"〔「你們」；編按：美國南部的口語字〕，但即使是這字，它也常以單數的形式被使用。我很清楚，因我是在那什維爾〔Nashville〕長大的。）

最後，有些神學家鼓勵我們從宇宙性的角度來思想拯救的範圍。他們主張，如果我們考慮到新約中用來描述拯救的語言所覆蓋的整個範圍，我們就能夠清楚看見，在基督裏的拯救所涉及的不只是人類。所以，以個人主義甚至是以集體的角度來考慮拯救，是不夠的，我們必須從宇宙性的角度來考慮。至於聖經的支持理據方面，這些神學家所引述的經文有歌羅西書二章 20 節，以及啟示錄二十一章 1 至 4 節中所應許的新天新地，即一個新的創造。這種宇宙性的看法激發我們對基督的工作和罪的本質，有一個較深刻的理解。

以上的每一種關於拯救教義的進路，都聲稱有聖經和歷史作為依據。有些神學家承認，需要有一種包羅各家的、關於拯救的解釋，即使他們會比較著重其中某個看法。有時候，這種偏好是基於一個判斷：聖經的重要性在甚麼地方？有時候它是基於一個從「牧養」角度出發的判斷：此刻教會最需要的是哪一種強調？各種看法也都是與對基督的工作、罪的本質，以及基督徒生活的特性的看法，糾纏在一起的。當你讀著關於拯救的教義的時候，你要思想，這些關係在某神學家的著作中是如何表現出來。

拯救的意義

聖經利用不少形象和概念，使我們對「拯救」一詞有更具體的內容：赦罪、稱義、成聖、義、完全、解放、復和、平安及其他。為這緣故，我們很難能以較少的詞語，來充分表現種種對拯救的教義的處理。經常的情況是，在某種神學中最重要的一個論及拯救的詞語，是與拯救的教義的其他方面糾纏在一起的。因此，比如說，一種把拯救當作只是涉及個人的範圍的神學，也會趨向對拯救有某些既定的意義。

即使我們是從廣義的角度去看拯救的意義，但所建構的拯救教義也必然會受拯救的範圍所影響。例如，假設某種神學把拯救表達為主要是個人的事，那麼，任何關於「解放」的主題都會集中在個人身上，而不是集中在全體或宇宙方面。在這個例子裏，拯救就會意味著使個人從罪責和羞恥中解放出來。而在一種比較以宇宙為主的拯救教義裏，解放就是把一切創造從罪的重擔中解放出來。

如果我們考慮一下上文所列出、用來描述拯救的詞彙，我們會看見，其中的一些詞彙，是適合於某種對拯救的範圍的看法。而如果我們考慮得更為廣闊一點，我們也就看出，拯救的範圍和意義，也是與有關罪和贖罪(atonement)的教義交纏在一起的。譬如説，個人的得救與把拯救視為赦罪，是較容易適合於那把罪視為個人的悖逆的觀念，以及適合於那把基督的贖罪視為償還我們因罪而應得的刑罰的觀念。在另一套神學裏，一種以集體角度來看拯救的看法，會容易適合於那把拯救視為復和的觀念。而以上這兩種看法，也會很配合某種把贖罪視為締造和睦，以及把罪視為關係的疏離的觀念。

大多數神學都不像我在這裏所描述的那樣簡單，焦點清晰。大多數都會同時考慮好幾個聖經有關拯救的詞語，雖然對每種神學一般來説，都會把重點放在某個詞語之上。當你在閱讀的時候，要留意有關拯救、罪和贖罪這幾項教義之間的相互關係。這些關係會幫助你明白某種神學的觀點及其長短處。

還有一個情況是，特定的神學傳統對拯救有特定的強調點。正如我在本章的開頭所指出的，拯救的教義是那經常把各個神學傳統和不同的「教會」區分開來的教義之一。最廣為人知的區分發生在十六世紀，當時兩派為「稱義」(justification)的意義發生爭論。這兩派分裂開來，而成為我們今天所認識的天主教和基督新教(Protestants)。但那使事情更加複雜的是，在過去十年，若干天主教徒和新教徒已多次聚集商議，並且取得共識：在十六世紀導致他們分裂的爭論，現在再也不足以成為使兩派互不信任的理由。兩派雖然還沒有在官方和組織的層面上重新統一起來，但他們已開始以各種方式互相合作。他們之中的一些人，現在已制訂某種原則和協議，容許他們共同參與聖餐。（我將在本書第九章討論關於聖餐這個題目。）有些則在某些社會議題及政治議題上攜手合作。

雖然彼此之間有這類合作，但一般來說你會發現，在拯救的意義上，每個神學傳統都已有它特定的側重點。儘管常有例外，但信義宗傾向著重稱義，浸信會著重赦罪，而解放神學家則強調解放。雖然如此，但這些卻不是使各個神學傳統壁壘分明的嚴格範疇。在赦罪一事上，天主教談的和浸信會談的一樣多，儘管彼此的說法有所不同。信義宗不只談及稱義，也談及成聖；而長老宗也談及兩者。同樣，正如我在其他篇章裏所提到的，解放神學家是來自各種傳統的——他們也許是天主教的傳統、浸信會的傳統、循道宗的傳統，或是別的傳統。而五旬節派也談及解放，不過他們對解放所提出的解釋，通常與解放神學家的解釋不一樣。

在此應指出另一種對拯救的理解，就是把拯救看作是「神化」（deification）。對於大部分西方的基督徒而言，這個看法似乎近似異端，聽起來就像是某些邊緣教派的教訓。但事實上，它在東正教（Eastern Orthodox）傳統中已有悠久而備受尊崇的歷史。這個傳統（大致上）是獨立於西方的天主教和基督新教的傳統而發展起來的，它堪稱為（儘管備受爭議）最古老的一種基督教。這傳統所教導有關拯救的教義主張，上帝藉耶穌基督下降到我們這裏，好叫我們得以被提升到上帝那裏。他們的意思不是說，我們都成為「神」(gods)；而是說，我們因與耶穌基督認同而變得「像神」(godlike)。這「像神」所指的意思，在東正教的傳統裏有嚴謹的闡述。雖然神化的概念在西方大部分人聽來是奇怪的，但它的發展卻不失為一個新鮮概念，能以豐富我們的拯救教義。

拯救的次序

拯救教義的這方面(拉丁文作 *ordo salutis*)，是關於拯救事件的次序。這個題目在十六世紀的宗教改革，以及在其後的一段時間內被熱烈討論。今天，有些神學家相信，這個題目使我們偏離了拯救教義的一些重要議題，而有些則依然維護它的適切性，並將之納入他們的神學之中。

以拯救的次序為其教義的重要項目之一的神學，傾向與以下其中一個宗教改革運動時期的傳統認同或深受其中一個傳統所影響：信義宗、改革宗(Reformed；即加爾文派〔Calvinist〕)，或天主教。信義宗的神學家把基督的死視為拯救次序的頭一個「行動」。這行動是在我們身外的，但它卻使我們得以藉著信心，領受基督的死所帶來的果效。改革宗的傳統則相信，拯救包括了一套全然不同的事件，不只是在事件的次序上有所不同。在這傳統(它植根於對上帝的預定的關注)中，拯救是以上帝決定要拯救一些人為開始，繼而進到基督為了拯救上帝所決定要拯救的那些人而受死，然後是上帝對被揀選之人發出有效呼召(effective calling)，而被召之人得以重生，結果他們相信了基督，並且堅守信仰，直到人生的終結。最後，對天主教徒來說，拯救的起始

（即對那些沒有受嬰兒洗禮的人來說——嬰兒洗禮在本書第九章中討論過）是我們被上帝的公義所指斥為有罪的，我們因此從罪中悔改。拯救因我們接受洗禮而延續，藉此洗禮我們領受了基督之死所帶來的好處。

以上每個傳統，就拯救次序的細節來說，都有內部的張力和分歧，而在改革宗的傳統內，其中一點的分歧尤其突出：就是加爾文主義（Calvinism）和亞米紐斯主義（Arminianism）之間的分歧。這場爭論複雜而持久，我在此並不打算加以徹底說明，只是要讓你認識它的各個向度。爭論是由於兩位神學家——加爾文（John Calvin；1509～1564年）和亞米紐斯（James／Jacobus Arminius；1560～1609年）——的著作而產生的。加爾文是宗教改革運動的第一代領導人，他對拯救的教導偏重於上帝的主權：上帝預定會拯救哪些人，以及上帝以人所無法抗拒的方式來成全這個拯救。加爾文秉承奧古斯丁（Augustine；354～430年）和路德（Martin Luther）的教導，他認為那成全拯救的一切力量和工作，都是來自上帝的。亞米紐斯早年學習加爾文神學，他在加爾文死後，就加爾文關於拯救的教義提出多個問題。亞米紐斯的這些問題及他的其他著作，鋪陳了另一種的拯救次序：不是以上帝預定要拯救誰為起點，而是以上帝預知誰會相信為起點。加爾文與亞米紐斯之間的分別是微妙而重要的。基本上，亞米紐斯較著重人在拯救中參與的能力。在他看來，上帝在拯救上的工作是可以抗拒的，是需要人作回應的；雖然拯救是只憑上帝的恩典，但人也可以因上帝的恩典而作出回應，並參與在其中。

以上分歧造成了許多爭論，最後導致加爾文和亞米紐斯兩派的追隨者召開多特會議（Synod of Dordt；1619 年）。這會議贊同加爾文對有關拯救教義的傳統詮釋。自此，兩派時有衝突，有時是痛苦的。加爾文的神學，傳統以來一直在「改革宗」教會（荷蘭改革宗〔Dutch Reformed〕，基督教改革宗〔Christian Reformed〕，美國的改革宗教會〔Reformed Church in America〕）、長老宗、清教徒（Puritans）、某些浸信會，以及其他種種形式的教會中佔優。而亞米紐斯的神學，則傳統以來在循道宗（其形式並非直接源於亞米紐斯的）、某些浸信會和五旬節派中佔優。由於是次論爭的影響廣泛，大多數神學都以某種形式來考慮其所引發的議題。

得救的途徑

人們是如何得救的？如果你熟知某個基督教傳統，你大概認為這是一個聽來奇怪的問題。人們是以一個為人熟知而典型的獨特方式「得救」或成為基督徒的。可是，這個過程或這件事，在不同的教會中，看起來卻有所不同。

就得救的途徑來說，最大的差異存在於基督新教和天主教兩大傳統之間。這些差異經常造成不和，導致懷疑、誤解和彼此譴責。即使在我寫這一段時，我也很難說出其中的差異而不至於對熟悉某方的人，錯誤報道另一方的傳統。那就是說，在新教徒看來，天主教對得救途徑的理解似乎是奇怪的，而在天主教徒看來，基督教的理解又似乎是奇怪的。在新教教會裏，得救是「只憑信心」的。(此語是新教宗教改革運動那具決定性的格言之一。)人是由於在福音被宣講的時候，相信所聽見的福音而成為基督徒的。在天主教教會裏，得救也是憑著信心的，但這信心是通過參與「聖禮」(sacraments)而表現出來的。(本書第十章將更詳細解釋聖禮的觀念。)傳統以來，天主教主張七個聖禮，其中最重要的是洗禮和聖餐禮(Eucharist；在許多別的教會則稱為「主餐」〔Lord's Supper〕或「聖餐」〔communion〕)。一個簡單的説法(雖然這會有誤解和過分簡化的危險)是：在新教教會裏，參與洗/浸禮和聖餐，是一個基督徒所要做的事；而在天主教教會裏，參與洗禮和聖餐是你要成為基督徒所要做的事。

總結

我們在本章看過的差異是細節上的差異，我們不應讓它們遮蔽了基督教神學的大傳統所特有的、重要而明顯的共識——拯救可在耶穌基督身上找到。不論拯救的範圍、意義、次序和得救的途徑為何，基督教神學在這一點上趨於一致：耶穌基督是救主。就大多數神學體系而論，細節其實也較多只是著重點上的不同，而不是排除其他立場的根據。我們在研究神學時所遇見在細節上的差異，通常可以編織成一幅繡花毯子，以表現出在耶穌基督裏的拯救的美麗——藉著繽紛的色彩和色彩的許多層次所顯出的榮美。

10 教會

就如拯救的教義一樣，關於教會的教義是我們有明顯分歧（這些分歧有時候造成分化）的教義之一。各個宗派的基督徒——浸信會（Baptists）、天主教（Catholics）、循道宗（Methodists）、五旬節派（Pentecostals）、長老宗（Presbyterians）——會在大部分教義上有普遍一致的看法，卻在教會論（ecclesiology；即有關教會的教義）上有嚴重的分歧。在此我們得謹慎，不要被所用的字眼所混淆。在本章裏，「教會的教義」（"doctrine of the church"）意思是指「**關於**教會的教導」。在別處它可能指「教會所教導的東西，如有關上帝、基督、人，以及諸如此類的事情」。故此，為避免可能有的混亂，我將採用讀者較不熟悉的「教會論」（ecclesiology）一詞來指有關教會的教義。我們還需要在另一點上就"ecclesiological"（「教會論的」）和"ecclesiastical"（「教會的」）之間作出區別。"Ecclesiastical"通常用來指「教會」（church）的同義詞。所以，當神學家說"ecclesiastical tradition"的時候，他們不過是指「教會傳統」(church tradition)。而"ecclesiological"就指關於教會的觀念，這觀念是教會的基礎，是用來塑造、指導並形容教會的：即「對教會的見解」("thinking about the church")。"Ecclesiastical"及"ecclesiological"這兩個詞語，皆源自那在新約中被譯作「教會」的希臘文詞語：*ekklesia*。

很多基督徒是藉著從教會中的成長或藉著成為某間教會的會友，而學會有關教會的教義的。教會通常不會花許多時間，具體明確地教導教會論；它們期望會友從教會的實際生活裏，通過含蓄的教導途徑來學會它。若我們較正式地就教會論作一番思考，有幾個議題就會被提出來討論：其中有教會的標記、教會的使命、教會的組織和教會的「活動」(activities)。

以上的若干議題在某些教會裏比在其他教會裏更為重要。如果你是在某一間教會裏成長的話，你可能會覺得其他教會在教會論上所關切的事，頗為奇怪。當你更正式地思考自己教會的教會論時，你也可能會發現在你自己的教會論傳統中，一些令你驚訝，甚至是令你困惑的地方。有的時候，這個過程會有點可怕，但我盼望，到最後這會堅固你，使你成為耶穌基督的追隨者。

其中一個貫穿教會論的複雜議題是，我們對教會抱何種想法。在我們心目中，教會主要是社會上許多機構的其中一間嗎？如果是這樣的話，我們對教會的觀念就會受社會學的項目所支配了。在我們心目中，教會主要是用來達成我某些目標的手段嗎？那麼我們就會從工具的角度來看教會了，即是說，把教會看成是用來達到某些目的的工具。在基督教教義的處境下，這些及其他關於教會的想法，都應該從屬於關於教會的神學性想法。這就是說，我們的教會論一定要扎根於聖經及其他的基督教教義。在這情況下，我們的教會論就會明確地受到我們對上帝、對基督、對救贖和拯救，以及對人類的堅定信念所影響。

教會的標記

當談到教會的「標記」(mark)時，不同教會所指的是不同的事情。有些教會所說的「標記」，是用來區分「真」(true)教會或「忠心的」(faithful)教會與「假」教會或「不忠的」教會的方法。有些教會傳統早已制訂一系列清晰的標記。而有些則可能極少談到它們；這並不意味著這些傳統沒有這種概念，通常反倒是意味著，它們是採用別的語言來指相同或類似的概念。

在許多傳統裏，教會的標記是由〈使徒信經〉(Apostles' Creed)或〈尼西亞信經〉(Nicene Creed)的語言所識別出來的。〈尼西亞信經〉承認：教會是「惟一聖而公之教會，眾使徒所傳者」("one, holy, catholic, and apostolic")。在經常宣認〈尼西亞信經〉的教會裏，這幾個字清楚識別出教會的標記。

正如你或可想像得到的，這些傳統以及在它們之內的神學家，正正花了相當多的精力，來清楚而具說服力地闡明這幾個字的意思。對那些不熟悉〈尼西亞信經〉和其教會論的基督徒來說，這幾個字起初看來頗為奇怪，甚至也許是錯的。與此同時，我們必須謹記，這兩份信經所代表的教會論，在多個世紀以來一直模造著教會。就連那些出身於「不誦讀信經」的傳統的信徒，都從這些字眼獲得許多指引。

神學家對「惟一聖而公之教會，眾使徒所傳者」，有不同的解釋。這清單內的其中一個字——“catholic”（「大公」）——經常需要特別解釋。今天，我們採用這個字之時，會狹義地指那與羅馬主教（即與教皇）有直接關聯的教會；換句話說，當我們聽到“catholic”之時，我們就會聯想到羅馬天主教（Roman Catholic）；但“catholic”有另一個意思，比較像「普世」(universal)的意思。因此，當基督徒宣認「惟一聖而公之教會，眾使徒所傳者」的時候，我們是在承認相信一個超過了人間一切界限的教會，不論那是種族、國籍、性別、階級、教育程度，或任何我們可能造出的其他界限。從這意義來說，這「大公」教會是不受限於一個國家、一個種族、一種語言、一個……任何東西的。

當然，其他的教會標記也或會得到人們特別的注意，因而人們以不同的方式來演繹它們。每個標記對一個看來並非惟一的或聖潔的或承傳自使徒的教會來說，似乎都可能是一個棘手而不尋常的標記。可是，歷代教會都是這樣認信的，而很多神學家都以這些標記為教會的特色，並給這些標記一些可靠、合乎聖經的解釋。

其他傳統可能對信經中所承認的教會標記作出補充，又或，對它們置諸不理。在十六世紀基督新教宗教改革運動時期，有些人利用信經中的這些標記，來否認反對者是教會的一部分。畢竟，只有一個教會（人們是這樣聲稱的），這「惟一的教會」表示，反對者和改教者（像路德〔Martin Luther〕、慈運理〔Huldrych

Zwingli〕和加爾文〔John Calvin〕等人）是錯的。在這場衝突中，路德等人主張，雖然真教會是「惟一聖而公的，眾使徒所傳的」，但這些字眼卻沒告訴我們，哪一個「教會」才是真教會。於是改教者在這個爭論點上掙扎，並得出一個結論：真教會是那忠心宣講上帝的話，並正確實施聖禮（他們特別指洗禮和聖餐）的教會。然後，他們當然說，這些特徵是他們的教會的標記，而非其他教會的。

（在這裏我需要提醒你一個用字上的問題。「羅馬天主教教會」〔Roman Catholic Church〕不是改教者所用的名稱。在宗教改革運動時期，我們今天所用的教會名稱——信義宗、長老宗、羅馬天主教、浸信會、循道派——都還沒有被使用。所以，如果我們把今天的名稱應用在早期的爭論上，這雖然可能表達得較清楚，但卻犯上了年代錯置的毛病。）

最後，還有一些傳統對教會的標記有別的理解。重浸/洗派（Anabaptist）及一些別的教會主張，受苦是真教會的標記，教會紀律或（更直截了當地）作門徒也是。

教會的使命

教會的目的為何？只有一個目的嗎？如果只有一個目的，是不是有各種達到這個目的的方法？所謂的一個目的，也許會有不同的層面嗎？又或，也許教會的使命是隨著時間和地點的轉變而有所分別。

當神學家構想教會的使命時，眾說紛紜。有些神學家從神學主張的角度——譬如「教會的使命是榮耀上帝」——來建構有關教會的教義。將我們的教會論扎根於這樣的一個主張是重要的，可是我們也得具體說明，教會被召去做些甚麼才算是榮耀上帝。

當然，要榮耀上帝，最主要的一個途徑就是藉著我們的崇拜。在某些神學體系裏，對上帝的崇拜，扮演著一個重要的角色，也得到人們相當多的注意，以之作為做神學的一個來源。而在別的神學體系裏，也許只簡短地處理崇拜這個題目，又或，乾脆略去這個題目。

大多數神學在對教會使命的描述上，或多或少都讓人注意到「作見證」這一點。「作見證」可以具體說明為「宣講福音」，這宣講不用說即是言語上的傳講。另一種教會論也會宣稱，教會的目的是宣講福音，但那是就著「以行為宣講」而言的，即是說，用行動而不是以言語來宣講福音。另一種教會論則會宣稱，教會被召是以「言語和行為」來作見證的。有人會認為教會是被召去關懷窮人和受欺壓之人的；還有一些人會認為，教會被召，不只是去關懷窮人和受欺壓之人，更是去「解放窮人和受欺壓之人」的。在這樣的氛圍下，不少教會論會為教會如何履行作見證的義務而掙扎。

你在這裏所應該看出的是，任何一種有關教會使命的敍述，都是與其他神學信念有關的。某神學家有關拯救的教義，是與其有關教會使命的敍述，糾纏在一起的。拯救是不是只是、或主要是「拯救」個別的人？那麼，教會的使命就順理成章受到影響，它很少會或甚至不會著重改變社會的結構。拯救是不是只是、或主要是改變那壓制人的社會結構呢？那麼，教會的使命就會專注於改變社會。其他關於拯救的說明還會產生不一樣的、有關教會使命的敍述。而任何有關教會使命的敍述，也會在很大程度上與有關教會與世界之間關係的信念，糾纏在一起。

最後，任何一套有關教會使命的敘述，都是對聖經教導與當下處境之間的複雜關係，作出理解。這就是說，某套教會論也許會有一套闡釋得很好的、有關教會使命的敘述，但這套敘述不一定告訴教會，在某個處境下教會需要些甚麼。例如，有些教會論會說，教會的首要使命是「使人作門徒」。儘管這教導是深深扎根於對馬太福音二十八章 18 至 20 節的教導的認信；但它卻沒有告訴教會，如何在其特定的文化處境下遵行這使命。「使人作門徒」，在一個二百年來基督教已成為主流宗教的文化中，它是甚麼意思？在一個充滿貧窮、疾病和痛苦的文化裏，「使人作門徒」又是甚麼意思？這類挑戰使神學變成是一項令人愉悅的、永不休止的工作，而這工作惟有靠著上帝的恩典和智慧才變得可能。

教會的架構

關於教會的架構（structure of the church），我所說的是教會論對教會的組織（organization）的理解，簡言之，它也可稱為教會的體制（church government）。有時候，可能的教會組織可整齊地分為會眾制、長老制和主教制。這幾個詞語是指著在歷史上教會的重要分別而言，但在今天，它們之間的界線卻不一定是那麼清晰的。

藉著提問以下問題，我們可對教會論更為清晰：誰人有權請來或撤換牧師？誰人擁有教會物業？誰人在教義和信仰實踐的爭議上有最後決定權？在實行會眾制的教會裏，全體會眾擁有最終的權威。但有時候，會眾制的教會也容許選立長老或執事；在教會的許多議題上，由這個小組來作決定。而某些會眾制的傳統，又會在長老和執事之間劃清權責。

在長老制的教會體制裏，大部分決定的最終權威落在地方長老團身上；這長老團是由一批居住在同一地區、已被按立，獲授予聖職的人所組成的。不過，即使是長老團，他們也會把許多事情交給地方會眾和他們的堂委會去決定的，特別是在北美的情況，更是如此。雖然如此，長老團在大多數事情上還是有最終的決定權。故此，假如某批會眾對所屬的宗派感到不滿，並打算離開的話，他們的教會業權並不是由他們擁有，而是由長老團擁有的；在財務上的糾紛往往需要多年才能解決，而且往往是經由法庭調解的。在其他事情上，長老制的教會論擁有其他權力階層，這些階層通常是由地方長老的代表所組成的。這些管理部門對地方長老團所無法解決的事情，或對一些不只涉及地方長老團的、關於教義和信仰實踐的事情，作出裁決。

在主教制(episcopal)的教會觀裏，教會(包括已按立的神職人員)是由一羣主教所管理的。教會的眾位主教組成主教團。主教主要負責管理某地區(教區)的事宜，雖然他們或會從他們的教區差派宣教士或教育工作者到世界另一些地區，但主教仍保留對他們的管理權。在北美，情況可會叫人感到混亂，因為我們這裏有一間名為美國聖公會(Episcopal Church, U. S. A.〔ECUSA〕)的教會，但這教會卻不是北美惟一奉行主教制的教會。美國聖公會是普世安立甘教會(Anglican Church)或英國聖公會（Church of England）的一部分，即是在坎特伯雷大主教（Archbishop of Canterbury）的管轄之下的。故此，在世界其他地區，我們有譬如加拿大的安立甘教會（Anglican Church in Canada；你可以猜想到，十八世紀末所打的戰爭，可能與這事實有關：我們沒有「美國安立甘教會」〔Anglican Church in the U.S.A.〕）。

聖公會不是惟一一間實行主教制的教會，儘管它由於其名字的緣故而是最明顯的例子。另一個例子（也許更純然是主教制的）便是羅馬天主教。當然，如果你曉得英國聖公會（安立甘教會）是由羅馬天主教教會脫離出來的話，你大概也會估計到，兩者之間是相似的。同樣，循道宗教會（Methodist Church）是由聖公會發展出來的，它也有主教，只是主教的功能有些不同。在這些所有的例子裏，在作出重要決定之前，主教經常先諮詢會眾及其他牧職人員；不過，最終的權威還是在主教那裏。

由此可見，即使教會管治形式的界線不一定是絕對的，但到頭來還是有明顯的差異。二十一世紀初的其中一項差異，就是關乎誰可被按立的問題。在天主教教會裏，神父自然都是未婚的男士。而在別的教會裏，對於應否按立女性，教會有持續的爭論。還有一些教會，卻是對於應否按立同性戀者（男或女）而有所爭論。在某些教會裏，這些問題已有定案，雖然這些問題還是可能繼續引發爭議；至於在別的教會裏，這些問題在很大程度上仍是開放的，都還沒有定案。

大部分教會論或多或少都承認，決定以何種形式管治教會，對於福音來說並不是最重要的。你甚至會從許多教會論中發現，在這一點上它們都承認，聖經的教導並不清晰。故此，在若干神學家看來，教會體制不過是歷史和文化上的偶發事件。這些神學家通常指示我們，要在我們所身處的某種教會體制下對福音盡忠。但是在別的神學家看來，教會體制可不是無足輕重的事情；他們認為，要忠於福音，管治形式是至關重要的。有若干教會論認為，那些與他們「惟一的真教會」沒有聯繫的「教會」，其實並非真教會，儘管他們成員中的一部分人，仍可靠著上帝的恩典而得救。

教會的「活動」

在本章這個部分所用的「活動」一詞，是彆扭而令人不快的字眼。可是，我無法找到另一個詞來代替，這個事實正好顯示了，我在寫這個題目時所遇到的困難。在這部分，我會介紹你認識一事：有些教會稱之為「儀式」(ordinances；譯按：「聖禮」，或譯「條例」)，有些則稱之為「聖禮」(sacraments；譯按：或譯「聖事」)。幾乎所有教會都贊同的兩個儀式或聖禮是洗禮和聖餐(communion；或稱「主餐」〔Lord's Supper〕或「聖餐禮」〔Eucharist〕)。有幾個傳統會加上濯足禮(foot washing)作為第三個儀式或聖禮，而其他一些傳統就承認七個聖禮。情況又由於某些基督教傳統(例如救世軍〔Salvation Army〕和公誼會〔Society of Friends〕，即「貴格會」〔Quakers〕)，而變得稍為複雜；這些傳統主張，洗禮和聖餐是「屬靈」的活動，它們不需要實際上用水、餅和酒。

既然洗禮和聖餐都是涉及身體的活動，我們或會被吸引去注意它們是如何進行的：洗禮需要多少水；誰有資格施洗；多久舉行一次聖餐；聖餐是如何安排的；誰可參與。這些細節都是重要的，也讓我們知道不少有關某個教會論傳統的事情。在一套具完整規模的神學裏，它們或會得到不少的注意，以作為一個建構教會論的方法。在此，我將介紹你認識一些基本的事情，好幫助你具備相當程度的理解，來應付以上的問題。

在某些教會裏，這些活動被稱為「儀式」（ordinances），因為它們是耶穌基督所吩咐或「命令」的。在別的傳統裏，它們被稱為「聖禮」（sacraments），因它們是把上帝的恩典傳給我們的媒介。這些用語上的差別，有著深厚的歷史根源，它們亦明顯地代表著觀看世界的不同方式。對於被這其中一個傳統所模造的人來說，另一個傳統看來可能是奇怪的。當然，所有傳統都承認，這些事都是耶穌吩咐我們作的（太二十八 18～20；林前十一 23～26），而且所有傳統都承認，上帝的恩典正在工作。但這些傳統是以不同的方式來描畫這些實在，並且在各自的傳統及其教會論中，給這些實在不同的側重點。

對於一些人來說，這些活動是教會的核心，因此也是耶穌基督的福音的核心。在他們看來（即使抱最樂觀的看法），我所使用的「活動」一詞，還是既陌生又不貼切的。而對於別的人來說，這些活動近乎是一些附屬品：它們是有益的事，但如果我們停止做這些事，也不至失去甚麼緊要的東西。

對於任何一套教會論，其主要任務之一，是要清楚地描述：有關施行這些儀式或聖禮的吩咐，是如何反映了上帝在耶穌基督身上所已成就的事，又是如何吸引我們，更深地進入基督藉聖靈而進行的、不斷的工作之中。要做到這一點，我們會有不同的途徑，這在乎該教會論所屬的教會傳統是甚麼。過去數十年來，那令人鼓舞的一個發展是，許多教會聚首一堂，在我們以不同方式談論及實施洗禮和聖餐的氛圍下，尋找承認彼此互為一體的方式。

總結

教會的生活是在眾目睽睽之下而過的。就教會的生活來說，教會看上去經常是分裂的。但如果我們仔細思考有關教會的事情，並建構一套能夠描述我們所共有的神學的教會論，那麼我們就能夠逐漸看見我們在福音裏所擁有的合一——儘管這福音是以五花八門的方式被活出來的，但這所有的方式都構成了教會生活的一部分，這教會就是基督獨一的身體。

11 末事

這最後一章談的是「末事」(“the last things”)，豈不正巧?然而,「末事」一語可以是誤導的，因它意味著我們在此刻之前,還沒有想過這些事。但事實上,我們從一開始就一直想著這些末事。換個說法,這些是末事，因為儘管它們從一開始就「在我們的視線之內」，但我們是現在才把它們放在中央的位置，聚焦在它們身上。

關於對末事的研究，一個特別的神學術語就是「終末論」(eschatology)，這個術語源自希臘文的 *eschatos*(「終末」)。大部分神學家在終末論的題目下，都會討論四件事；這四件事或許有些微不同，但它們通常是：(1)基督的再來；(2)普遍的復活；(3)最後的審判；(4)最終的狀態。本章大部分篇幅都是關乎這四個主題、有關這四個主題的不同變化，以及它們的詳情。

可是我得先告訴你，神學上有一個更廣闊的終末論進路。我在上文指出，從某種意義說，終末論在我們的研究之初已經一直與我們同在，而不只是在這結束的部分才與我們同在。這個對終末論的著重或終末論的視角，是二十世紀許多神學的一個重要部分。

要明白「對神學採取一個終末論的視角」是甚麼意思，我們試想像一下觀看同一部關於謀殺案的懸疑電影的兩個不同方式。你第一次在電影院裏看它的時候，並不知道它的結局（除非有看過這部電影的朋友向你透露了）。是誰殺了人？兇手會逃脱嗎？到最後誰會活下來？現在，想像一下在數月之後，電視上播出這部電影。這次你看的時候，因為知道它的結局，所以你就以一種很不一樣的方式來看它。如果它是一部製作優良的電影，你可能會拾到一些線索，並留意到一些細微差別，那是你第一次看它時所錯過了的。

對神學採取一個終末論的進路，就猶如第二次觀看同一部電影。當我們開始研究上帝的時候，我們已經知道一些關於上帝在耶穌基督身上所成就的事。而當我們開始研究耶穌基督的時候，我們知道祂後來被釘十字架，而且上帝已使祂從死裏復活了。於是，我們的視角就跟摩西和以色列人，以及第一批跟隨耶穌的門徒很不一樣；我們有一個**終末論的**視角。

這個終末論的視角並不意味著我們曉得一切事情。它只是意味著我們有一個角度和進一步的知識，並從這角度和知識來看事物。從這終末論的視角來看神學，跟我所用的電影類比有另一點的不同；這一點不同是重要的：電影會播放完了，但歷史還沒有。可見終末論不但給我們一個回顧的角度，也給我們一個前瞻的角度。

有幾位神學家已作出了重要的貢獻，給我們一個神學上的終末論角度。（潘寧博〔Wolfhart Pannenberg〕和莫特曼〔Jürgen Moltmann〕是其中兩位最具影響力的神學家。）這些神學家在建構這視角上的方式不盡相同，有時候那差別是細微的，有時候則是明顯的。他們全都強調歷史的重要性，以及從終末論來看上帝在歷史上的工作的重要性，即是從已經在耶穌基督身上所揭示的歷史終局，來看上帝在歷史上的工作。

他們大多數認為，耶穌的復活是那已然揭示的、歷史所朝向的結局（或目的）。雖然他們在解釋復活一事上或有所不同（參本書第四章），但就正是這一件已經發生了的事，向我們揭示了歷史正朝哪方走。正如耶穌的復活向我們揭示了歷史的目的，它也告訴我們，我們該對餘下的歷史作出怎樣的詮釋。不過，雖然我用終局或目的等措詞，但這些神學家還提醒我們，歷史的目的或終局，並非故事的結束。它其實只是這一章或這一幕的總結，又或，用聖經的措詞來說，只是這世代的結束和新創造的開始。

在我們更仔細地看那四件末事之前，我還須簡介多一點。在遍佈世界各地的教會裏，終末論得到人們不同程度的注意，而所強調的重點也不一樣。在北美洲，尤其是美國，較世界其他地方更注意基督再來的細節和日期。這種側重，以及它在大眾化的教導和文學（譬如名為《末日迷蹤》〔*Left Behind*〕的小說系列）中所用的、帶出這種側重的具體方式，都使得教內教外的人以為，基督教神學對基督再來只得一個處理方式。這種想法是錯的。當你研究基督教教義時，你會發現有其他處理終末論的方式，它們也都是有聖經和教會的教導作為依據的。

基督的再來

新約聖經充滿了耶穌和門徒的宣稱：耶穌在死而復活之後將會暫時「離開」，然後要再回來。有關祂再來的應許是和祂工作的完成（或圓滿）緊緊相連的。故此，在任何一套神學裏，如何看主再來，也是和如何看基督的工作（基督的工作是甚麼）有關的。這兩項教義——拯救和基督工作的完成——之間的關係，往往是複雜的，縱使拯救通常是首要的教義。換句話說，一套神學對拯救的教導，大大影響了它對基督再來的教導。

人們經常把基督再來與千禧年（millennium；即啟示錄二十章所提到的「一千年」）相提並論。這段經文對基督再來的終末觀念有甚麼影響，部分在於人如何理解啟示錄的語言。這語言是字面性的還是象徵性的？那就是說，啟示錄二十章所提及的一千年，是指可以在歷史上倒數的實際的一千年嗎？抑或，「一千年」只是象徵，代表一段很長的時間？抑或，它是象徵某種實在，而不是年歲的流逝？我們這時代講求精確的度量，並對事件進行謹慎的年代鑑定，我們強烈傾向從字面的角度來理解聖經。這對於我們來說是自然的，但是有許多研究聖經的世界的人提醒我們，對於聖經作者來說，那可不是那麼自然的。

如是，在很多神學體系裏，基督的再來總是與千禧年有相互關聯的。如果某人的看法是，基督會在千禧年之前回來，從此引進千禧年，那麼這個立場就稱為「前千禧年說」（premillennialism）。如果某人的看法是，基督會在千禧年之後回來，好結束這段時期，那麼所採取的立場就稱為「後千禧年說」(postmillennialism)。如果某人的看法是，聖經的語言所指的是一個實在，是不能以既定年數的流逝來推斷它的年代的，那麼這個立場就稱為「無千禧年說」(amillennialism)。最後的這個看法相信，基督將會回來完成祂的工作；但它卻不相信，啟示錄二十章的「一千年」是指既定年數的流逝。

就北美的基督教，尤其是就其中較保守的傳統來說，這些千禧年觀在過去曾在基督徒中間造成分裂。在某些人看來，現今的情況依然這樣；但在別的人看來，基督的再來及祂在新創造的工作的完成，比起在推斷祂回來的時間這一事上所採取甚麼立場，更為重要。由於這樣的確信，很多人拒絕參與這種舊爭論，反而尋求以新的方式來談論基督再來的應許。

普遍的復活

「普遍的復活」(general resurrection)是一種彆扭的說法。它提醒我們，基督再來的一個結果是死人的身體復活。貫穿教會歷史的大部分時間，教會一直承認，已死的人將要有血有肉地復活過來，這是基於如路加福音二十四章等經文所記載的，基督自己是有血有肉地復活過來。可是，近年由於人們對復活抱懷疑的態度，又因人把基督教過分屬靈化，在這樣的壓力之下，復活的意思有時候變成了無形體的靈在軀殼分崩離析之後繼續存在。換句話說，若干基督徒和神學，已放棄相信身體復活。取而代之的是，他們宣稱，如果在身體死亡之後真有持續不斷的個人存在，那持續不斷的存在只會是純粹靈性上的。

這個主張在很多基督徒聽來是正確的，而且也似乎頗「屬靈的」。但它其實是離棄了一項聖經的重要教導：那維持我們生命直到永遠的上帝，也是那創造生命、使其具形體一面（即具物質一面）的上帝。上帝所造的世界，包括了我們的身體，本來是好的。又，如果這位創造者上帝也是救贖者上帝的話，那麼基督再來所要完成的救贖之工，也必定包括我們的身體在內。

對於那些肯定聖經和教會這項重要教導的神學家來說，這教導帶出了兩個令人感到興趣的問題。第一，我們的身體在死後分解了，並成為宇宙歷史的一部分之後，甚至，如果我用稍為粗鄙的話說，在我們的身體已成為食物鏈的一部分之後，上帝是如何使我們的身體「復活過來」的？第二，在介乎於我們死亡和基督再來以使我們復活之間，有甚麼事發生在我們身上？思考這類問題，可以是令人愉快的。它們是難解的謎，可以讓我們有其他的啟悟，以至頌讚上帝工作的一些奧祕；這些奧祕提醒我們，我們是永遠無法徹底明白上帝和祂的工作的。假如我們真的徹底明白，那麼自然地，我們有的只是一個像人類般大小的上帝——祂也算不得是神呢。這些問題不能從聖經或傳統中得到完全清晰的答案，但我們可以用合宜的謙卑之情，考慮各種可能性，從中討上帝的喜悅，也因上帝而感到喜悅。

最後的審判

在我們目前的文化氣候底下，最後的審判會是一個十分難於思考的題目，因為它似乎直接衝擊著我們所著重寬容而不輕易論斷人的態度。從基督教的歷史來看，審判的概念又會叫人想起教會嚴重犯錯的時刻——那時，我們很樂於宣告裁決，並在別人身上執行這個裁決。

然而，上帝最後的審判是聖經和教會的教導的一部分，因此我們不能就此置諸不理。在建構一套有關最後審判的教義的時候，神學家得出不同的著重點。有些神學家著重個人的情況，著重這些問題：誰會得救，誰沒有得救，誰蒙赦免、被接進上帝的新創造裏，誰不蒙赦免、無分於新創造。在這個例子裏，神學家也必須說明，審判是根據甚麼來作出的。在部分基督教界，這問題引起了熱烈的討論：關於在今生相信基督的重要性，以及由此引申出來的，那些在今生從未聽過耶穌基督的福音、因此從來沒有機會相信基督的人，他們的情況將會如何。這方面的討論，又會叫人注意到其他宗教的追隨者和沒有宗教之人的情況。

其他神學家則很少著重關於個人受審判的問題。他們所強調的反倒是，最後審判就是上帝作出分辨的時候，祂要把一切好東西分辨出來，這些東西是可救贖的，因此可被置於新創造裏。在此，個人的情況只會得到很少的注意；經常的情況是，持這個進路的神學家同時也相信，所有人類都會因著上帝在基督裏的恩典而被救贖過來。最後的審判並不決定誰會被救贖過來；它所牽涉的是，上帝在兩者之間所作出的判斷：哪些是人們生命中可被救贖的部分，是可被帶進新創造裏的；哪些是人們生命中不可被救贖的部分，是必須被排斥於新創造之外的。上帝那具辨別能力的判斷超過了個人生活的範圍，更包括了對人類的工作——我們的文化——的考量。

在以上所採取的兩條處理最後審判的進路上，最優秀的神學不會將其論調，跟上帝的性情或上帝最終的目的分離；上帝最終的目的就是使基督的工作達至圓滿，以及整頓世界。為達到這個目的，這位聖潔、仁愛、公義、有恩典有憐憫、有說之不盡的性情的上帝，最後必定要審判世界。

最終的狀態

在討論末事時，「最終的狀態」(final state)指上帝在這個世代的工作的頂點，以及新世代的開始。談論最終狀態的最佳方法，就是採用啟示錄二十一章所說到的「新創造」(new creation)或「新天新地」(new heavens and a new earth)的語言。

然而，基督徒經常以「天堂與地獄」來談到這最終狀態。可是，對人們來說，這些詞語所指的意思，卻往往是誤導的。當基督徒談到天堂的時候，他們習慣想到一個全然陌生的地方，是奇特而柔軟的；在那裏我們不再為世界的重擔所纏擾，以無形無體的靈，飄來飄去。但這個想法是持續了我在本書中不斷提到的其中一個問題：今天常見的一個錯誤是，否認受造世界根本是美善的，又否認上帝要救贖世界、使其從罪的束縛釋放出來。

所以，思考和談論最終狀態的較佳方式，就是「新創造」。神學家在這有關新創造的教義上總有分歧：我們現在對它能夠有多少真正的認識？我們能夠猜測的有多少？這個創造和新創造之間有多少的連續性？再次，這些問題似乎大部分都屬於一些對未來不確定的想法，但懷著敬畏的猜測，有助我們給未來賦予一些基本內容：關於這未來，除了確信這新創造是聖潔而仁愛的三一上帝的工作，其榮耀超過我們的想像、超過我們在我們目前的狀態下所能有的知識之外，我們對它的細節所知甚少。神學工作者有的榮幸是，即使在此刻中，我們也可以開始窺見上帝那永恆的榮耀，就是在耶穌基督身上向我們所揭示的榮耀。

年代表

100 年
愛任紐（約 130～200 年）
亞流（約 260～336 年）
君士坦丁（約 285～337 年）
亞他那修（約 296～373 年）
325 年　尼西亞會議
亞波里拿流（約 310～390 年）
加帕多家教父
巴西流（329～379 年）
拿先斯的貴格利
（約 329～390 年）
381 年　君士坦丁堡會議（I）
女撒的貴格利
（約 334～395 年）
奧古斯丁（354～430 年）
431 年　以弗所會議（I）
451 年　迦克墩會議
涅斯多留（386～451 年）
基督一性論者

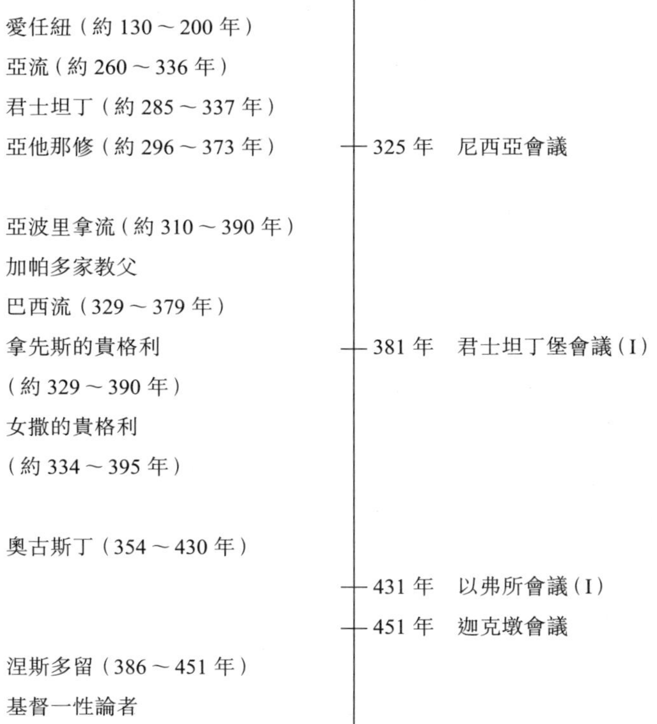

人物	事件
基督一志論者	
	約 589 年　引進「和子」一語
大馬士革的約翰（約 675～749 年）	
	1054 年　大分裂（東西方教會）
安瑟倫（1033～1109 年）	
亞伯拉德（1079～1142/43 年）	
阿奎那（1225～1274 年）	
路德（1483～1546 年）	約1517年　基督新教的宗教改革運動
慈運理（1484～1531 年）	
門諾．西門士（1496～1561年）	「重浸/洗派」神學
	1530年代　安立甘主義/英國聖公會脫離羅馬天主教
加爾文（1509～1564 年）	約1545年　天特會議（1545～1563年）
	「改革宗」神學
亞米紐斯（1560～1609 年）	「亞米紐斯」神學
	約 1608 年　浸禮派運動興起
	約 1619 年　多特會議（1618～1619 年）
衛斯理（1703～1791 年）	1760 年代　循道主義興起
	約 1789 年　開始現代時期/啟蒙時期
士來馬赫（1768～1834 年）	1800 年代　「自由」神學興起
巴特（1886～1968 年）	約 1919 年　「新正統主義」
布特曼（1884～1976 年）	

魯益師（1898～1963 年）

拉納（1940～1984 年）

莫特曼（1926～年）

潘寧博（1928～年）

1950 年代　福音派神學興起

1960 年代　梵蒂崗第二次會議（1962～1965 年）

1970 年代　黑人神學

1970 年代　解放神學

1970 年代　女性主義神學

1980 年代　女權主義神學

1980 年代　拉丁神學

1990 年代　拉丁美洲女性主義神學

註：以上所有神學在今天的神學界依然有重大勢力。

1989 年　後現代興起

索引

註：首次提到某人、某個術語或某個運動的地方，通常已提供足夠的資料，作為在該段上下文中的名詞詞彙表。

二劃

三劃

四劃

十一劃

十二劃

十三劃

十五劃

十六劃

二十二劃

系統神學叢書

進入聖言思想的殿堂，剖示神學的方法及基礎。

統一與多元的基督教信仰
The Mosaic of Christian Belief: Twenty Centuries of Unity & Diversity
奧爾森(Roger E. Olson)著／李金好 譯／鄧紹光 學術顧問／HK$98

如此我信——基督教教義導引
The Christian Faith: An Introduction to Christian Doctrine
根頓(Colin E. Gunton)著／趙崇明、鄧紹光 譯／HK$108

基督、聖靈與救贖：基督教要義導覽
陳若愚 著／HK$118

上帝論：全球導覽
The Doctrine of God: A Global Introduction
卡維里(Veli-Matti Kärkkäinen)著／陳永財、蔡錦圖 譯／鄧紹光 學術審閱／HK$138

聖靈論：全球導覽
Pneumatology: The Holy Spirit in Ecumenical, International and Contextual Perspective
卡維里(Veli-Matti Kärkkäinen)著／陳永財 譯／鄧紹光 學術顧問／HK$93

教會論：全球導覽
An Introduction to Ecclesiology: Ecumenical, Historical & Global Perspectives
卡維里(Veli-Matti Kärkkäinen)著／陳永財 譯／鄧紹光 學術顧問／HK$118

基督教三一論淺析
The Trinity
奧爾森(Roger E. Olson)、霍爾(Christopher A. Hall)著／蔡錦圖 譯／HK$63

基督教基督論淺析
Jesus Now and Then
伯理奇(Richard A. Burridge)、古爾德(Graham Gould)著／區秉中 譯／HK$98

基督教詮釋學淺析
A Short Introduction to Hermeneutics
賈思柏(David Jasper)著／紀榮神 譯／HK$73

聖經：一個教義式的勾畫
Holy Scripture: A Dogmatic Sketch
約翰·韋伯斯特(John Webster)著／鄧紹光 譯／HK$78

聖潔神學
Holiness
約翰·韋伯斯特(John Webster)著／陳永財 譯／HK$48

信念再思叢書 慎思明辨・探求真相

真的上教會?—— 教會敬拜、事奉與使命的重塑
Why Church Matters: Worship, Ministry and Mission in Practice
約拿單・威爾遜(Jonathan R. Wilson)著/陳永財 譯/HK$68

破碎世界裏的忠心教會 —— 從麥金太爾的《德性之後》學習教會之道
Living Faithfully in a Fragmented World: Lessons for the Church from MacIntyre's After Virtue
約拿單・威爾遜(Jonathan R. Wilson)著/陳永財 譯/HK$48

為這星期五感謝神 —— 於現今世代再思十架七言
Thank God It's Friday: Encountering the Seven Last Words from the Cross
韋利蒙(William H. Willimon)著/李金好 譯/HK$63

基督徒的神學思考
How To Think Theologically
霍華德・斯通(Howard W. Stone)、詹姆斯・杜克(James O. Duke)著
陳永財 譯/HK$63

與後現代大師一同上教會
Who's Afraid of Postmodernism?: Taking Derrida, Lyotard, and Foucault to Church
史密斯(James K. A. Smith)著/陳永財 譯/HK$63

基督徒看消費主義
Christ and Consumerism: A Critical Analysis of the Spirit of the Age
巴塞洛繆(Craig Bartholomew)、莫里茨(Thorsten Moritz)著/
陳永財 譯/HK$78

基督徒看錢、性與權勢(合訂本)附閱讀指引
Money, Sex and Power: With Study Guide
傅士德(Richard J. Foster)著/周天和 等譯/HK$93

緊扣時代 服事教會

以文字傳揚基督真道

讀者意見表

衷心多謝你購買本社書籍。本社一直致力以出版事工服事教會，幫助信徒扎根於神的話語，促進靈命增長。為使我們的出版更能滿足你的需要，請填寫下列各項資料，並寄回或傳真予本社。

所購書籍：________________

本書最吸引你的地方：

□作者 □適切性 □文筆 □設計 □實用性

□其他：________________

購買本書地點：

□基道書樓 □基督教書店 □非基督教書店

性別：□男 □女 職業：________________

信仰：□基督徒 □非基督徒

年齡：□ 16 歲或以下 □ 17～25 歲 □ 26～35 歲
□ 36～55 歲 □ 56 歲或以上

學歷：□中三或以下 □中五 □預科
□大學 □研究院

□我欲更多了解基道出版社的事工及考慮支持，請寄給我下列資料：
□機構簡介 □新書資料 □基道會員通訊
□《基道文字事工通訊》

姓名：________________電話：________________

地址：________________

____

傳真：________________ 電子郵件：________________

其他意見：________________

____

多謝賜教！

基道出版社

意見表可以傳真（2687-0281）或直接郵寄以下地址：
香港沙田火炭坳背灣街26號富騰工業中心1011室
基道出版社編輯部收